Te espero a la salida

Te espero a la salida

Manual práctico frente al acoso escolar

P. Duchement

VERGARA

Papel certificado por el Forest Stewardship Council®

Primera edición: septiembre de 2025

© 2025, P. Duchement
© 2025, Penguin Random House Grupo Editorial, S. A. U.,
Travessera de Gràcia, 47-49. 08021 Barcelona

Penguin Random House Grupo Editorial apoya la protección de la propiedad intelectual. La propiedad intelectual estimula la creatividad, defiende la diversidad en el ámbito de las ideas y el conocimiento, promueve la libre expresión y favorece una cultura viva. Gracias por comprar una edición autorizada de este libro y por respetar las leyes de propiedad intelectual al no reproducir ni distribuir ninguna parte de esta obra por ningún medio sin permiso. Al hacerlo está respaldando a los autores y permitiendo que PRHGE continúe publicando libros para todos los lectores. De conformidad con lo dispuesto en el artículo 67.3 del Real Decreto Ley 24/2021, de 2 de noviembre, PRHGE se reserva expresamente los derechos de reproducción y de uso de esta obra y de todos sus elementos mediante medios de lectura mecánica y otros medios adecuados a tal fin. Diríjase a CEDRO (Centro Español de Derechos Reprográficos, http://www.cedro.org) si necesita reproducir algún fragmento de esta obra.
En caso de necesidad, contacte con: seguridadproductos@penguinrandomhouse.com

Printed in Spain – Impreso en España

ISBN: 978-84-10467-43-9
Depósito legal:B-9.937-2025

Compuesto en Llibresimes, S. L.

Impreso en Black Print CPI Ibérica
Sant Andreu de la Barca (Barcelona)

VE 6 7 4 3 9

ÍNDICE

PRÓLOGO

«Te espero a la salida».

Esa fue la frase que más se repitió durante mi infancia y mi adolescencia. Era la señal con la que mis acosadores despertaban en mi interior el más visceral y primitivo de los temores.

Solo con pronunciar aquellas cinco palabras, conseguían que viviese subyugado y dominado, sintiéndome incapaz de romper mi silencio para pedir ayuda.

Así, podían seguir disponiendo de mí como pasiva diana de burlas y de todo tipo de vejaciones.

Yo tuve suerte: mi acosador se pasó de la raya saltando sobre mi mandíbula, lo que destapó el caso sin necesidad de que pidiese ayuda.

¿Cuántos niños en mi situación —o bajo peores circunstancias— hoy no están para unir su voz a las de las decenas de colaboradores que han asistido en la realización de este libro?

¿Cuántos sintieron que sus profesores —aquellos en cuya labor confiaban para acechar como halcones— descuidaban su vigilancia?

¿Cuántos padres se preguntaron, desarmados, qué podían hacer?

Esta última duda fue, precisamente, la que más recibí como

reacción tras realizar una publicación exitosa en una red social. Multitud de familias preguntaban con desespero cómo actuar cuando sus hijos ya eran presas del acoso escolar.

Como superviviente de bullying, como profesor de adolescentes y como perito judicial informático especialista en delitos a través de las redes sociales quizá no disponga de todas las respuestas que necesitáis.

Por eso seguí formándome y profundizando en el tema, mientras escalaba el iceberg de la violencia en centros educativos hasta finalizar un máster en bullying, sobre prevención e intervención en casos de acoso y ciberacoso escolar.

En la actualidad, soy asesor en gestión del acoso escolar para centros educativos y familias afectadas.

También soy forense para tribunales de justicia en casos de acoso y ciberacoso escolar (es decir, los jueces «me consultan» para saber cómo dictar sentencias ante situaciones de esta índole).

Además, soy formador en prevención, diagnóstico y resolución de casos de acoso escolar por la Consejería de Canarias, acreditado por esta entidad como gestor de la convivencia en el entorno escolar.

Y, ante todo, soy padre y, por tanto, sé cuánto duele que un hijo sufra. Conozco la impotencia de necesitar una guía para socorrerlo y no conocer qué teclas se deben pulsar.

Espero que este libro te ayude a localizarlas y te deseo toda la suerte del mundo.

¿Qué no es este libro?

No se trata de un estudio psicológico de la problemática del acoso escolar.

El lenguaje de esta obra es comprensible y entre sus aspiraciones no figura la de constituir una especie de biblia con respuestas infalibles de boca de un experto en conducta humana —baste para ello recalcar que su autor no es psicólogo.

Tampoco es un libro de recetas mágicas o fáciles que aseguren la solución instantánea de todo intento de abuso.

Cada caso es especial y único, y nada de lo escrito en estas páginas garantiza un remedio milagroso.

Por el contrario, este ensayo pretende brindar indicaciones ante el caso promedio más frecuente.

Además, es oportuno advertir claramente que la presente obra se centra en dar respuesta al acoso escolar —cuando ya se ha establecido un problema de bullying—, no en su prevención.

¿Qué es este libro?

Te espero a la salida es una obra destinada a asesorar a las familias cuyos hijos estén inmersos en un caso de bullying que no sepan cómo afrontar.

Pretende dotar de armas y mecanismos para controlar, gestionar, atenuar y finalizar la situación —sin caer en falsos mitos ni en soluciones milagro—, amparándose en las autoridades, en los expertos y en la experiencia de otros muchos supervivientes.

Si bien existe gran cantidad de material relacionado con la prevención de este tipo de acoso, muchos padres se sienten desamparados a la hora de reaccionar cuando el problema ya ha arraigado.

Pero este libro no es solo una guía, también es el resultado de una historia personal. Desde la experiencia directa de quien sufrió el acoso en primera persona, se desglosa la realidad del bullying con una visión clara y accesible, desmitificando lo que es y lo que no es.

A través de testimonios impactantes y claves de supervivencia, conocerás cómo piensa y se siente una víctima, qué estrategias pueden marcar la diferencia y cómo afrontar incluso el ciberacoso.

Aquí encontrarás respuestas para actuar cuando la escuela no reaccione, maniobras para responder ante la posible dejación de las autoridades, herramientas para lidiar con el acoso desde casa y una exploración profunda sobre la ineficiencia del papel de la violencia física como respuesta.

Además, aborda la otra cara del problema: qué hacer si tu hijo es el agresor. Una perspectiva normalmente evitada y con muy poca literatura de referencia. Con un análisis legal detallado y dinámicas de trabajo aplicables, esta obra se convierte en un recurso indispensable para familias y educadores que buscan soluciones reales y efectivas.

Todas las técnicas y actuaciones recogidas entre estas páginas se han recopilado por haber demostrado su utilidad en casos reales. Han sido aportadas tanto por supervivientes que las experimentaron como por familias que las pusieron en funcionamiento y por docentes que fueron testigos y cómplices de su puesta en práctica.

Y, lo más importante, todas están ratificadas por la evidencia científica de verdaderos especialistas, incluyendo matices allí donde otros expertos las han propuesto a debate.

La obra pretende aportar recursos para que sean estudiados, evaluados, adaptados y probados en cada caso particular, dando por sentado que, a pesar del atractivo porcentaje de eficacia que las avala para el caso promedio, existe la probabilidad de manifestarse inservibles según el contexto, la situación específica y las personas implicadas.

Dicho de otra manera: este libro es un saco de ideas que han sido bien planteadas y puestas a prueba, pero nada más.

Y nada menos.

¿Qué terminología utilizaré en el libro?

Las palabras son muy importantes, sobre todo cuando se trata de asuntos tan delicados como este.

Es por ello que se debe realizar alguna aclaración.

a) Se utilizará indistintamente terminología anglosajona y española como sinónimos. Así, en esta obra, el término «bullying» será equivalente al de «acoso escolar».

b) Aquellos que ejercen acoso serán designados con los siguientes términos: «agresor», «acosador», «abusador», «matón», «perpetrador» y «bully» —«bullies» en plural.

c) Aquellos que sufren acoso serán designados con los siguientes términos: «víctima», «acosado», «abusado» y «bullied».

d) Aunque es oportuno cuando se incoa un protocolo de actuación contra el acoso escolar, se realiza una investigación o se redacta un acta pericial, en esta obra no se va a utilizar la terminología de «presunta víctima» y «presunto acosador» por redundante.

e) Aquellas víctimas que hayan dejado de ser objeto de bullying serán denominadas «supervivientes». Es una forma de empoderarlas, de que dejen de sentirse víctimas para siempre y de que se enorgullezcan de su capacidad para pervivir —a pesar de la experiencia.

f) Soy partidario del vocabulario inclusivo —sobre todo en mis clases—. Especialmente empleando términos genéricos o colectivos, no marcados por género gramatical —como «alumnado» en lugar de «alumnos» y «profesorado» en lugar de «profesores». No obstante, esto no siempre es posible o resulta fluido, y la necesidad de ocultar el verdadero sexo de los supervivientes y de los agresores obliga en muchos casos a utilizar un uso neutro del género lingüístico. Es por ello que, siguiendo las indicaciones de la RAE, utilizaré el masculino de dicha forma —salvo que se necesite remarcar el sexo de los aludidos—. Es oportuno recalcar que, en muchas ocasiones, la falta de inclusividad se produce por un problema de intencionalidad en el autor, de manera que me gustaría aclarar la mía en este párrafo: emplearé el masculino como neutro, con el objetivo de incluir en él, por supuesto, a las niñas y las adolescentes víctimas y perpetradoras.

g) **Paranoia del perseguido**: sensación de persecución constante que sufre una víctima de acoso escolar y que genera tanta tensión emocional que puede llegar a ser peor que una agresión en sí. En ocasiones, se agrava tanto que lleva a provocar la somatización de síntomas que se manifiestan de forma física, como dolor de cabeza o alteraciones del aparato digestivo. La paranoia del perseguido hace que el bullied se sienta acosado constantemente —incluso cuando, de forma puntual, no lo está siendo—, e incrementa su aislamiento y desconfianza hacia aquellos que lo rodean, al esperar ataques en todo momento —incluso por parte de personas ajenas a los agresores habituales.

h) **Contingencia del chivato**: se trata de una amenaza con la que un acosador coacciona a su víctima. El chantaje, cuyo funcionamiento ha sido probado con anterioridad, se utiliza a menudo para mantener el silencio del intimidado. La amenaza se mantiene en el tiempo, recordada y tanteada a menudo para imponer silencio al acosado —y, en ocasiones, para demandar otras exigencias.

i) **Subidón del gladiador**: placer que siente el agresor al recibir la aceptación de su público cuando somete a su víctima. Dicha sensación genera conductas parecidas a ciertas dependencias, tales como la necesidad de aumentar la adquisición, de reducir los tiempos de espera entre dosis e incluso cierto síndrome de abstinencia tras esperas prolongadas.

j) **Violencia epistémica**: violencia ejercida por un poder que establece la episteme —un concepto asociado a unos conocimientos y clichés— que, generalmente, infravalora al objetivo. En el caso del acoso escolar, consiste en pequeños gestos, miradas, sonrisas y palabras que, sin constituir violencia verbal —insultos hacia la víctima y/o uso de tonos agresivos—, pretenden anular su personalidad y reducirla a una episteme ridícula. Promocionar o evidenciar los errores del bullied, esconder, destruir, minimizar o burlarse de sus logros y cierto tipo de violencia social —hacerle el vacío en su grupo, invitar a un evento a todo el mundo menos a él, atacar a sus amigos hasta que dejen de serlo, poner en su contra a terceros, etcétera— son actos de violencia epistémica.

k) **Bullying moda**: es un periodo corto —pero intenso— de acoso escolar masivo hacia una misma víctima, en general ocasionado por un evento puntual que ha causado que se la sitúe en el punto de mira del grupo.

l) **Introyección**: proceso mediante el cual una cualidad utilizada repetitivamente para describir a una víctima es aceptada por esta. Llega a ser asumida sin cuestionamiento e incluso a ser imitada por el objetivo en aquellos actos que la hacen más cierta, hasta que, finalmente, casi podría decirse que se hace realidad debido a la insistencia constante en atribuírsela y a la falta de resiliencia del intimidado. Así, un niño al que se le repite cada día que es tonto llega a creerse que lo es, deja de cuestionarse esa opinión como tal e incluso abandona el entrenamiento de su capacidad de análisis, pudiendo, con el tiempo, «hacer realidad» el insulto.

m) **Netiqueta**: forma de comportarse en la red de manera adecuada y siguiendo un protocolo de trato a los demás usuarios.

n) **Ciberacoso o ciberbullying**: forma de bullying en la que se utiliza las tecnologías de la información y la comunicación —TIC— para llevar a cabo las agresiones, empleando redes sociales, materiales, recursos y dispositivos informáticos.

o) **Grooming**: acercamiento digital que realiza un agresor mediante una red social —o cualquier otra forma digital de contacto— y en el que se vale de una confusión —generalmente, hacerse pasar por un menor, real o no— con el objetivo de engañar a su víctima y entablar cierta relación de confianza por su parte. Una vez alcanzada dicha intimidad, el groomer la utilizará con carácter predatorio —de modo frecuente, con intenciones sexuales.

p) **Sexting**: práctica consistente en el intercambio digital de material íntimo propio —fotos personales, audios o vídeos de desnudez y/o de prácticas sexuales.

q) **Sextorsión**: extorsión con la que se chantajea a una víctima, utilizando como amenaza la difusión de material sensible e íntimo de su persona —fotos, audios o vídeos de desnudez y/o de prácticas sexuales, reales o falseados.

r) **Phishing**: modalidad de estafa que se basa en crear trampas digitales —que capturan los datos de los usuarios más ingenuos—, y que se envían de forma masiva a la espera de que caigan víctimas en ellas.

s) **Autoestima**: también conocida como autoestima total. Este concepto comprende las percepciones, los pensamientos, las valoraciones, las emociones y las tendencias de conducta que una persona dirige hacia sí misma, hacia su forma de ser, así como hacia las características de su cuerpo y personalidad. En términos simples, se trata de cómo cada uno se valora y se percibe a sí mismo, esto es, cuánto «se quiere». Dentro de la jerarquía de necesidades humanas, se describe como la necesidad de valoración, que incluye dos dimensiones: la valoración interna —como el amor propio, la confianza y la autosuficiencia, entre otros— y el respeto o reconocimiento proveniente de otras personas —como la aceptación y el aprecio social—. De esta forma, se establece que la autoestima de un individuo es el resultado de dos componentes: la autoestima intrínseca y la autoestima contingente.

t) **Autoestima intrínseca**: es el componente de la autoestima que proviene de una valoración interna estable, incondicional e independiente de factores externos. Cuando este componente es considerable, la persona se siente valiosa simplemente por lo que es, con independencia de logros, apariencia, opiniones de los demás o situaciones externas, basándose en un sentido profundo de autovalor que no necesita la aprobación externa y que es estable en el tiempo y resistente a los altibajos de la vida. Sus fuentes son la autoaceptación genuina, el autoconocimiento y la confianza interna. Por ejemplo, una persona con autoestima intrínseca siente que merece respeto y amor incluso si fracasa en una tarea o si no recibe el reconocimiento de los demás.

u) **Autoestima contingente**: es el otro componente, una forma de autoestima que depende de la validación externa o del cumplimiento de ciertos estándares o condiciones (logros, apariencia física, aprobación social, etcétera). Es inestable, fluctúa según circunstancias externas y está ligada a la percepción de éxito o fracaso en áreas que la persona considera importantes. Así, puede generar estrés, ansiedad o inseguridad, ya que la valoración personal está constantemente en juego. Una persona con una autoestima basada en gran medida en la contingente puede sentirse valiosa solo si tiene éxito en el trabajo, si recibe cumplidos sobre su apariencia o si obtiene la aprobación de sus amigos.

v) **ACIDA**: son las siglas de autoestima contingente basada en la intimidación y dominación aparente. Dependiendo de la fuente y el contexto de la literatura estudiada, también es conocida —con pequeños matices— como autoestima basada en el poder, autoestima narcisista, autoestima tóxica, autoestima contingente jerárquica, autoestima basada en el dominio social y autoestima reactiva. Este tipo de autoestima contingente se refiere a la construida sobre la base de demostrar poder, superioridad o control sobre los demás, ya sea a través de la intimidación, la manipulación o la imposición de autoridad. El individuo que está condicionado por ella percibe que su valía personal depende de su capacidad para dominar, intimidar o controlar a otras personas. Aquellos cuyo componente ACIDA constituye una parte importante de su autoestima total sufren fluctuaciones en su autoconcepto dependiendo de cómo perciben su posición de poder en relación con los demás. Aunque pueda parecer que estos sujetos tienen alta autoestima, en realidad su valoración personal resulta altamente dependiente de factores externos y pueden experimentar ansiedad o inseguridad si sienten que pierden control o autoridad. Suelen usar estrategias de intimidación, críticas, descalificaciones o imposición de autoridad para mantener la sensación de superioridad que tanto necesitan para alcanzar un nivel de autoestima que no son capaces de satisfacer con la intrínseca. Buscan con frecuencia entornos donde pueden ejercer dominio para reforzarla y generan relaciones disfuncionales, es decir, que suelen estar marcadas por dinámicas de poder, lo que puede llevar a conflictos, resentimientos o aislamiento, y les resulta complicado formar vínculos basados en la igualdad, la confianza o el respeto mutuo.

w) **PACAE**: son las siglas de Protocolo de Actuación Contra el Acoso Escolar. Cada autoridad educativa a nivel autonómico —consejerías o departamentos de Educación de cada Comunidad Autónoma— debe tener estipulado una serie de pasos que seguir en caso de detectarse acoso escolar. Cuando se aplica, se dice que se incoa un expediente para una situación concreta. Dicho plan es el PACAE, y todo centro escolar supeditado a la autoridad educativa referida está obligado a atenerse a este. Los centros pueden realizar instancias incrementales propias —es decir, añadir sin restar al PACAE autonómico para crear su propia versión— que deben ser publicadas con anterioridad a su incoación, pero, como mínimo, deben guiarse por la base establecida.

x) **Dolo**: aunque es habitual confundir este concepto con el de «voluntad», el dolo va más allá, ya que implica la responsabilidad de un acto incluso cuando sus consecuencias no son las buscadas por su autor, pero sí conocidas por este como posibles. Por ejemplo, imaginemos que un niño es alérgico a las arañas y su acosador escolar, sabiéndolo, introduce una en su estuche con la intención de asustarlo cuando lo abra, no de causarle la muerte. Sin embargo, al buscar un bolígrafo, la araña pica a la víctima y esta fallece. Este acto podría considerarse doloso, ya que, aunque no existiera una intención directa de provocar la muerte, esta era una consecuencia conocida, lógica y plausible de la trampa, y el acosador asumió dicho riesgo. Existe también el dolo por omisión, que se origina cuando el incumplimiento de un deber legal, con conocimiento de las posibles consecuencias, genera responsabilidad en quien deliberadamente evita actuar. Por ejemplo, un socorrista que observa a un bañista luchando por mantenerse a flote y se niega a auxiliarlo no es de forma directa causante del ahogamiento, pero podría afrontar responsabilidades legales por su inacción —al saber que esta con toda probabilidad concluiría en la muerte del nadador—. Es importante incluir esta acepción al hablar sobre bullying, ya que el acoso escolar es una de las principales causas del suicidio infantojuvenil. Por ello, debemos considerar la dejación de funciones por parte de aquellas autoridades educativas que, de manera intencional, ignoren estas situaciones como acciones dolosas, y no como simples errores o accidentes. Por concluir, podemos resumir que el dolo es la voluntad de que ocurra cierto desenlace, la aceptación consciente del riesgo de que pueda suceder y/o el incumplimiento deliberado de un deber legal que desencadene dicho resultado previsible.

y) **Ncoar**: iniciar formalmente un procedimiento, expediente o proceso administrativo o judicial. Es un término técnico utilizado sobre todo en contextos legales y administrativos para referirse al acto de abrir o poner en marcha un trámite oficial. En el marco del PACAE, incoar se refiere a la apertura formal del procedimiento para investigar y/o gestionar una situación de posible acoso escolar en un centro educativo. Esto implica que el equipo directivo o el órgano competente del centro activa oficialmente las medidas establecidas en el protocolo.

z) **Resiliencia**: se trata de la capacidad que muestra alguien agredido por cualquier tipo de violencia para sobreponerse a la adversidad, afrontar el ataque sin que este destruya su autoestima y desarrollar estrategias para salir fortalecido de la situación, sin que esto conlleve por fuerza una respuesta al agresor. No se trata de «aguantar», ni de «soportar el dolor», sino de adaptarse y encontrar herramientas emocionales y sociales que permitan afrontar los envites sin que las consecuencias sean devastadoras. Esto es totalmente compatible con buscar formas de solucionar la situación y prevenir más agresiones.

1

Entendiendo el acoso escolar

No nos es desconocida la terrible realidad de nuestra naturaleza: somos animales, y, como tales, hemos heredado algunos de los más desagradables instintos de nuestros ancestros menos racionales.

Dentro de las agrupaciones que forman las distintas especies de vertebrados —manadas, rebaños, bancos, bandadas, etcétera—, existe siempre cierta percepción de jerarquía basada en un indiscutible estatus manifiesto de poder —que suele conseguirse por la fuerza y que se mantiene por la longevidad... hasta que es usurpado por la imposición de otro individuo: un nuevo «macho alfa».

Por desgracia, no somos tan distintos en este aspecto.

En el mundo salvaje, esto tiene un sentido y una utilidad que favorece la supervivencia de la especie. Y, como la naturaleza es sabia, ha creado sus propios mecanismos para forzar a los individuos del grupo a querer ser los líderes, a dominar y a utilizar la intimidación para conseguirlo.

Un vestigio de esto es el componente ACIDA de nuestra autoestima, una necesidad de subordinar y/o amedrentar a los demás para satisfacer las necesidades de autoimagen.

Por fortuna, este residuo de nuestros ancestros es controlable si los humanos desarrollamos otras formas de autoestima contingente, o, mejor aún —pero más complicado de conseguir—, si incrementamos nuestra autoestima intrínseca, logrando un cómputo suficiente en la resultante como para sentirnos conformes con nuestra autopercepción sin necesidad de recurrir a la ACIDA.

No obstante, resulta innegable que esta última es una de las más sencillas de acometer a corto plazo, y hay personas que, por una infinidad de factores que no voy a citar —y entre los cuales destaca la manera en la que se les ha educado—, fomentan dicha naturaleza y sienten el placer que les produce dominar a otros.

Puede que se deba a esto que los estudios registren que el 2,1 por ciento de los estudiantes de entre cuarto de primaria y cuarto de secundaria de España se reconozcan a sí mismos como acosadores escolares, habiendo al menos uno por cada dos aulas.[1]

Personalmente, no conozco ni un solo caso en el que este tipo de sujetos no tuvieran —al menos— un serio problema de autoestima intrínseca antes de llegar a perpetrar acoso escolar.

Se trata de individuos con un alto componente de autoestima ACIDA.

Al satisfacerla suplen su carencia de amor propio, sustituyéndolo por la aceptación del grupo —que apoya sus actos.

Para ello, los acosadores buscan a una persona vulnerable —alguien con una ligera diferencia que explotar como discriminación ante la manada—, y su método de selección de presas es igual que el de nuestros parientes depredadores —que se centran en los individuos más jóvenes, más viejos o más enfermos—: ellos también se decantan por las presas más frá-

1. Díaz Aguado, M. J., R. Martínez-Arias, *et al.*, *Acoso escolar y ciberacoso en España en la infancia y en la adolescencia* [Informe], Unidad de Psicología Preventiva de la Universidad Complutense de Madrid y Fundación ColaCao, 2023.

giles, personas con aparente baja autoestima y factibles de subyugar.

Establecemos así, por tanto, que el acoso escolar es, en gran medida, un problema de autoestima. **Un individuo con un serio problema de autoestima intrínseca —el bully— intenta suplir su carencia mediante la ACIDA escogiendo como diana a otro que percibe como poseedor de una autoestima frágil —la víctima.**

El hecho de perseguir al más débil no es el único paralelismo con un animal cazador. Además, hay otra táctica que caracteriza mucho a un bully: apartar al objetivo de su manada.

Si la presa no cuenta con la fuerza de un grupo que lo apoye, se convierte en una diana aún más apetitosa, así que el acechador incluye, entre los primeros pasos de su estrategia de caza, el separar a su blanco de su rebaño.

Es entonces cuando vienen las agresiones —que no han de ser siempre de carácter físico—, una constante muestra de dominación a base de humillar.

El objetivo es claro: colocar a una persona en un estatus de poder inferior al suyo. Pero, como aumentar su autoestima para alzarse es un proceso complicado, lo logran —relativamente— mermando la de su objetivo.

Así que, cuando tengo que resumir el acoso escolar con pocas palabras, siempre lo hago con la siguiente frase: **el bullying es la forma en la que un agresor —con baja autoestima intrínseca— pretende hundir la autoestima de una víctima, con el objetivo de ubicarse en un rol de poder superior.** El blanco es escogido por la facilidad que muestra para que su amor propio merme, y se lo separa de su grupo con el objetivo de dejarlo indefenso y sin apoyo.

El perpetrador busca la dominación para reivindicar su estatus.

Es un «juego» de poder, de ganar y de perder, de autoestimas heridas y de un intento de rematar una —la ajena— para incrementar otra —la propia.

Así de «simple».

Cuando se entiende bien lo que es el acoso escolar —y se analiza desde un punto de vista tan crudo y desvinculado de las emociones—, uno llega a las siguientes conclusiones:

a) El agresor también tiene un problema que necesita tratar. Si solucionamos su desequilibrio, si mejoramos su autoestima intrínseca y volvemos innecesaria la ACIDA, podremos solucionar el caso de bullying.

b) Si la respuesta de la víctima acaba hiriendo la autoestima del agresor, aumentaremos las causas de su motivación.

c) La víctima es escogida por su agresor debido a su aparente baja autoestima. Si nuestro hijo muestra seguridad e inteligencia emocional, difícilmente atraerá a perpetradores y acabará sufriendo bullying.

d) Si un agresor no consigue dañar la autoestima de su víctima, existen muchas posibilidades de que se busque a otra víctima más fácil de hundir.

e) Si un agresor no consigue separar a una víctima de su grupo, existen muchas posibilidades de que se busque a otra víctima más fácil de aislar.

Por otro lado, la mayoría de los PACAE consideran las siguientes condiciones mínimas para establecer que una situación de violencia en el entorno educativo constituye un caso de acoso escolar:

a) Comportamiento predatorio: el objetivo de cada uno de los ataques del agresor no responde a conflictos por intereses genuinos o al disentimiento de opiniones reales con la víctima.

La intención de cada acto de acoso pretende dominar, dañar y/o explotar al agredido. Dicho de otro modo, un conflicto o una discusión no es *per se* un acto de acoso.

b) Intencionalidad: los actos de acoso no se producen fortuitamente, sino por el dolo y la planificación del agresor. Este es, quizá, el requisito más difícil de demostrar de entre todos los prescriptivos, puesto que la voluntad de alguien es algo muy complicado de probar, y la proyección del agresor se puede realizar sobre la marcha, improvisando para aprovechar cualquier oportunidad de hacer daño que se presente. Es por ello que, en la mayoría de los PACAE —Protocolos de Actuación Contra el Acoso Escolar— de España no se exige que se demuestre este criterio para que se reconozca un escenario como caso de acoso escolar. No obstante, demostrar lo contrario sí que es útil como elemento contraindicador del bullying. Por ello, cuando el resultado de un incidente esté totalmente fuera de lo planificable o suceda al margen del dolo del presunto agresor, este no se considerará un acto de acoso.

c) Personalización: los actos de acoso escolar no pueden responder a agresiones en las que la víctima podría ser cualquiera que «cayese en la trampa» o «pasase por allí». Los ataques deben tener un objetivo predefinido y procurar no ejercerse sobre quienes no han sido designados como víctimas potenciales por parte del presunto agresor. Dicho de otra manera: los ataques de un bully no son redes de arrastre o anzuelos azarosos, sino arpones dirigidos.

d) Desequilibrio de poder: las situaciones de ataque o de intimidación deben estar conformadas por actos en los que el agresor tenga y ejerza un poder superior al de la víctima. Cuidado, porque el poder debe ser puesto en práctica en los propios actos. No cumple con este requisito un agresor que duplica la masa muscular de su víctima mientras sus estrategias de agresión y/o su intimidación efectiva no sean físicas. De hecho, es posible ver a bullies de cuarenta kilos dominando a víctimas de ochenta, sobre los que ejercen violencia epistémica —amparada esta en su superioridad de apoyo social—. Así que, no lo olvidemos: el poder desequilibrado a favor del supuesto agresor debe ser lo que emplee para agredir —consiga hacer daño o no— y/o para intimidar —con éxito— a su víctima.

e) Asimetría en el reparto de responsabilidades: el motivo que sirve de pretexto para dar inicio a los supuestos ataques debe estar repartido de una manera muy desigual, inclinando la balanza hacia el lado del agresor. De forma que será un error interpretar como un ataque de bullying un acto de reacción a una agresión —por muy incorrecto e intolerable que sea— o un conflicto en el que la responsabilidad de lo ocurrido esté compartida entre la supuesta víctima y el presunto agresor de una forma más equilibrada.

f) Cronicidad: un acto que, incluso cumpliera todos los criterios anteriores, pero que se cometiese una sola vez, no sería considerado bullying por los PACAE. Sigue siendo algo delicado y que debe ser tratado con urgencia, pero no acoso. La cronicidad está compuesta por el número de repeticiones, la frecuencia y los futuros episodios potenciales. Dicho de otro modo: si el número de veces que las agresiones se han repetido es bajo —medido en términos relativos al tiempo de convivencia—, si el lapso que se ha sucedido entre medias es alto y si la posibilidad de repetición en lo sucesivo sin la intervención de las autoridades es prácticamente nula, no será considerado bullying. Cuidado, muchos PACAE ignoran las repeticiones potenciales a futuro, generando una vulnerabilidad alta en los planes de acción de los centros educativos.

Desde esta perspectiva, queda claro que la mayoría del acoso escolar consiste en un «juego de poderes» con sus propias normas.

Entendido de esta manera, las formas de prevenir, afrontar y superar el acoso escolar se vuelven más evidentes.

Pero... ¿cómo conseguimos estos logros?

Las fases del acoso escolar y sus consecuencias

El bullying es un fenómeno presente —en menor o mayor medida— en todos los centros educativos y que aparece de manera progresiva y bastante predecible.

Las cifras actuales reflejan la magnitud del problema: el 6,2 por ciento de los menores de entre cuarto de primaria y cuarto de secundaria se reconoce como víctima de acoso escolar, mientras que un 10,3 por ciento ha sido víctima de ciberbullying.[2] Estas estadísticas refuerzan la necesidad de abordar el fenómeno desde sus primeras etapas y con estrategias efectivas de prevención y respuesta.

Para analizar el proceso, esta obra se basará en las publicaciones y conclusiones del doctor Iñaki Piñuel, relacionadas con el estudio del acoso escolar, pero empleará terminología, conclusiones y experiencias propias, realizando añadidos y simplificando el léxico.[3]

Primera fase: tanteo

Supongamos que colocamos a un grupo de niños que no se conocen en un aula y les indicamos que van a compartir juntos la experiencia educativa de formarse durante algunos años.

2. Díaz Aguado, M. J., *Acoso escolar y ciberacoso en España en la infancia y en la adolescencia, op. cit.*

3. Piñuel, I. y A. Oñate, *Mobbing escolar: Violencia y acoso psicológico contra los niños*, Barcelona, CEAC, 2007.

La autopercepción de cada uno de ellos será diferente: los habrá con una muy buena autoestima intrínseca y otros que no la tengan, pero que dependan de autoestimas contingentes que la complementen —como, por ejemplo, la centrada en el logro.

Lamentablemente, habrá entre ellos individuos que hayan desarrollado la ACIDA —en la ilustración, se señalan como los del anillo interior, con una autoestima total bastante frágil—, y que dependan de esta para conseguir una autopercepción que los contente.

De manera orgánica, algunos de ellos comenzarán a tantear al resto con microagresiones —ataques de baja intensidad, como bromas y gestos que difícilmente pueden ser considerados como tales—, de modo que pongan a prueba el efecto que estas provoquen en sus objetivos, evaluando así lo fácil que les resulte afectar a su autoimagen.

En el ejemplo de la ilustración, la futura víctima participa de este paso más inocuo, pero no tiene por qué suceder así. En cualquier caso, que el futuro acosado sea uno más de los tanteadores o no, carecerá de relevancia para el resto del proceso —ni vuelve a la víctima menos víctima.

Al margen de este fenómeno, como parte de las dinámicas

sociales del aula, surgirán agrupaciones y se establecerán relaciones entre los alumnos.

Esto afectará —y mucho— a la fase de tanteo: los individuos con redes de apoyo verán fortalecida su autoestima, y el resto de los tanteadores empezará a percibirlos como objetivos menos viables, viéndose disuadidos de continuar con el sondeo en esa dirección.

De esta manera tan orgánica, ciertas opciones son descartadas y las prospecciones comienzan a mostrar preferencia por los individuos que se manifiestan menos fuertes —socialmente hablando.

Las secuelas que se suelen detectar en esta fase son las de confusión y la adopción de un perfil bajo con el que pasar desapercibido.

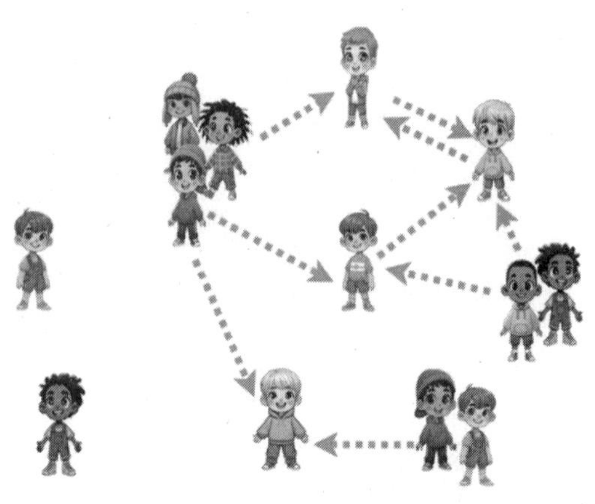

Segunda fase: concentración

Los individuos dependientes de la ACIDA ya han conseguido la información que necesitaban. Ya sean los autores de las microagresiones o se hayan limitado a ser testigos de las de otros, se ha vuelto evidente que hay un individuo en el grupo al que es más fácil dañar su autoestima.

Esto puede deberse a multitud de factores y la falta de resiliencia con la que su familia lo haya formado puede jugar un papel fundamental en ello.

No obstante, hay cantidad de elementos que funcionan muy bien como pretexto para los agresores y que, generalmente, crean inseguridades en los afectados —como, por ejemplo, cualquier peculiaridad que lo diferencie de forma significativa del resto.

No obstante, recordemos que la evidencia científica establece que, para que una víctima sea escogida como tal, «bastaría con ser elegido por alguien dispuesto a abusar de su fuerza sin que el entorno interviniera para prevenir o detener dicha situación».[4]

El individuo que ha mostrado tener la autoestima más frágil ante las microagresiones queda marcado como el miembro más débil de la manada. Y será este al que persigan los depredadores.

Observamos así cómo las microagresiones de los sujetos dependientes de la ACIDA comienzan a concentrarse en el mismo individuo, que ya puede ser considerado víctima de acoso escolar.

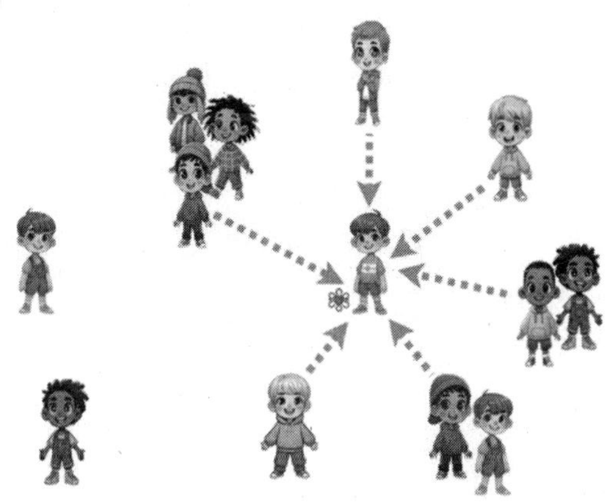

Al llegar a esta fase, ya es posible encontrar en las víctimas miedo o incluso terror ante la idea de asistir a clase, y el estrés psicológico es tan grande que produce somatizaciones —que no fingimientos—, tales como cefaleas, dolor de barriga, náuseas, etc.

4. Sánchez Tallafigo, C., *et al.*, *Guía de actuación contra el acoso escolar en los centros educativos*, Comunidad de Madrid, 2017.

Las microagresiones han mutado en ataques —por aumento de intensidad y cambio de intención, pasando de pretender evaluar a procurar dañar en toda regla—, y los tanteadores ya deben ser considerados agresores.

Incluso individuos que no participaban del fenómeno empiezan a percibir a la víctima como el saco de boxeo predilecto del grupo y pueden acudir a él para desahogarse puntualmente con agresiones ocasionales, a pesar de no necesitarlas por dependencia de la ACIDA.

En el conjunto de alumnos se ha generado una visión deformada de la víctima que no es cuestionada, y en la que las caricaturizaciones conceptuales sobre la misma son aceptadas como reales por el grupo.

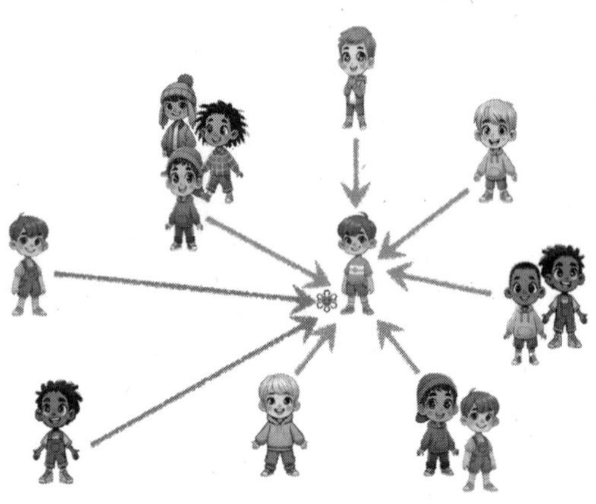

La convicción de que la víctima es la piñata de la clase, la diana a la que destinar todos los ataques, se funda hasta tal punto que se vuelve una realidad indiscutible y, sumada a la visión deformada del acosado, el grupo acepta como natural la posición del afectado.

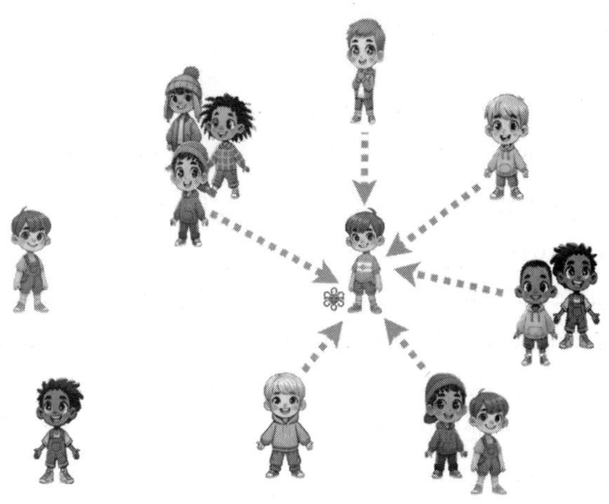

Las secuelas de esta fase se manifiestan mucho más graves: la víctima ha alcanzado la indefensión aprendida, un estado mediante el cual desarrolla la creencia de que no puede hacer nada para cambiar o evitar las situaciones negativas a las que está siendo sometido, incluso cuando tiene la capacidad de hacerlo.[5]

Por si esto fuera poco, en este punto de declive podemos encontrar a menores sufriendo episodios de estrés postraumático, de ansiedad o de hasta distimia —depresión crónica de baja intensidad.

La llegada de esta fase es una pésima noticia: a partir de este punto, la situación ya no puede ser restaurada. Incluso con previsión, apoyo y seguimiento de la autoridad educativa, en el grupo de menores implicados —víctima incluida— ha arraigado tanto el rol del acosado y su caricatura que es imposible recobrar una normalidad en el aula.

Las dinámicas sociales del grupo se han vuelto irrecuperables a corto plazo. De tratarse de una infección, el acoso esco-

5. Seligman, M. E. P. y S. F. Maier, *Helplessness: On Depression, Development, and Death*, Nueva York, W. H. Freeman and Company, 1975.

lar habría llegado entonces a un punto de sepsis tal que la única solución sería amputar.

Cuarta fase: degeneración

La asunción del «concepto» que es la víctima se ha gestado hasta tal punto que se adopta por defecto, de manera que ya ni siquiera es necesaria su presencia o el conocimiento de este para que los agresores realicen sus ataques. El acosado se ha vuelto tan irrelevante que ser testigos de su sufrimiento ni siquiera es un factor necesario para continuar ejerciendo la campaña.

Esto no significa que el bullying haya parado.

Cualquiera podría creer que esta situación sería suficiente para dar la oportunidad al acosado de recuperarse: después de todo, el acoso continúa paralelo a él.

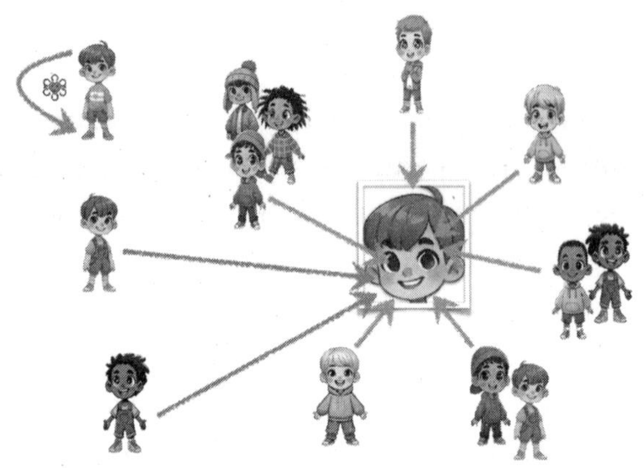

Esto no es cierto por varios motivos:

- Las microagresiones por parte incluso de individuos que no son integrantes del grupo de agresores habituales son una constante que le recuerda permanentemente su lugar.

- Los ataques de los agresores habituales, si bien están dirigidos contra la caricatura, muchas veces son percibidos por la víctima como dirigidas a su persona, dado que ha introyectado la imagen ridiculizadora y ahora también comparte la creencia de que el concepto y él son lo mismo.
- Justo como la caricatura se ha convertido en una realidad que ni siquiera es cuestionada por la víctima, esta asume los defectos de su caricatura como reales y empieza a sentir rechazo hacia sí misma.
- Por si fuera poco, que terceros estuviesen intentando mermar sin cesar su autoestima, ahora se ha sumado él mismo a dicho esfuerzo al repudiarse. Digamos que la víctima ha entrado en un estado en el que ataca su propia autoestima.

En los pocos casos y durante los escasos momentos en los que la víctima consigue cierta disyunción entre su persona y la caricatura promocionada, descansos en los que entender que su remedo ridiculizador y él son entidades distintas, existen ciertas posibilidades de que salga parcialmente de esta condición autodestructiva y de que su autoestima intrínseca se permita sanar un poco.

Pero esta mejoría no es sostenible en el tiempo. En cuanto los agresores detecten un restablecimiento, por mínimo que este sea, actuarán con contundencia para desmoronarlo y devolver al sometido a su estado inicial —si no peor.

Esto resulta demoledor.

Cada vez que la víctima, al borde del ahogamiento, consigue alzar la cabeza por encima de la superficie del agua, sus agresores lo hunden mucho más de lo que estaba en su punto de partida.

Una y otra vez.

Podemos encontrar entre los afectados a menores manifestando pensamiento tanático —reflexiones sobre la propia muerte— e ideación autolítica —pensamientos recurrentes sobre el deseo de acabar con la propia vida o autoeliminarse.

Si la fase anterior volvía irreversible la situación por la toxicidad de las relaciones entre los implicados, esta lo hace más aún por la toxicidad de las secuelas. Se trata del primer estadio en el que aparecen efectos permanentes a lo largo de la vida de la víctima y conocidos como cambios permanentes de la personalidad.[6]

Podemos estar hablando de pensamiento negativo persistente, introversión extrema, miedo al rechazo, búsqueda constante de aprobación externa, dependencia emocional, desconfianza generalizada, hipervigilancia o miedo al daño, aislamiento social, dificultad para crear y mantener relaciones, desarrollo de relaciones evitativas y/o disfuncionales, cicatrices emocionales, alexitimia o dificultad para identificar y/o expresar emociones, cambios profundos de autoimagen, merma persistente en la autoestima, sentimientos de inutilidad, de vergüenza o de culpa, alteraciones en la regulación emocional y/o actitud hostil o desafiante.

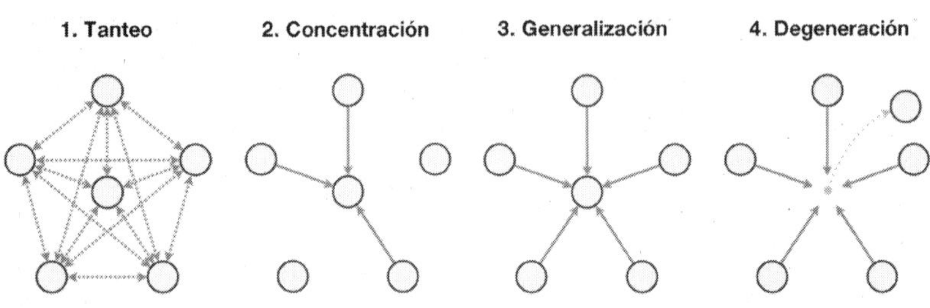

6. Díaz-Aguado, M. J. y R. Martínez-Arias, *La violencia entre iguales en la adolescencia y su prevención*, Madrid, Ministerio de Educación, Cultura y Deporte, 2001.

2

Qué no es acoso escolar

Para acabar pronto: si se niega alguna de las seis condiciones enumeradas en el capítulo anterior, un PACAE difícilmente considerará que las agresiones de un expediente conforman un expediente de acoso escolar.

Con el objetivo de facilitar la lectura, a continuación se enumerará una lista de condiciones que descartan el diagnóstico de bullying para una agresión concreta:

1. El evento identificado como ataque lo causa un conflicto de intereses legítimo y no forzado entre la supuesta víctima y el presunto agresor. Advertencia: en ocasiones, los agresores utilizan este tipo de situaciones de manera instrumental para reforzar la campaña de acoso escolar contra una víctima a la que agreden de otras formas, pero este acto en sí no podrá ser considerado parte de esta.

2. El evento identificado como ataque lo causa una discusión de posturas realmente enfrentadas y no forzadas entre la supuesta víctima y el presunto agresor. Advertencia: en ocasiones, los agresores utilizan este tipo de situaciones de manera instrumental para reforzar la campaña de acoso escolar contra una víctima a la que agreden de otras formas, pero este acto en sí no podrá ser considerado parte de esta.

3. El objetivo perseguido por el presunto agresor no pretende dominar, dañar y/o explotar a la supuesta víctima.

4. El evento identificado como ataque se ha producido sin intervención alguna por parte del presunto agresor, ni siquiera a nivel intelectual o como instigador. Advertencia: muy habitualmente, la campaña de un acosador «anima» a sus espectadores a replicar sus actos contra el mismo objetivo. Pero, si el nuevo agresor no forma parte de la campaña original, será mejor no meterlo en el saco y tratar su ataque de manera diferenciada. Esto vuelve complicado perseguir aquellas campañas que sí son de acoso escolar, y que están formadas por varios agresores que se turnan para realizar sus agresiones de manera muy aislada si se analizan individualmente. La diferencia aquí está en el acuerdo y/o la planificación.

5. El evento identificado como ataque era imposible de planificar, incluso sobre la marcha —aprovechando la oportunidad de hacer daño—, por parte del presunto agresor.

6. El evento identificado como ataque no estaba predestinado a la supuesta víctima.

7. El evento identificado como ataque estaba dispuesto de tal manera que cualquiera que no fuese una supuesta víctima habitual del presunto agresor podría haber resultado afectado.

8. El evento identificado como ataque —en la práctica— y la intimidación —exitosa y efectiva— que provoca el presunto agresor no es el resultado de ejercer y explotar una superioridad real y existente sobre su supuesta víctima.

9. El evento identificado como ataque ha sido la reacción del presunto agresor en respuesta a una agresión real de

la supuesta víctima. Cuidado con esto: muchos agredidos explotan ante situaciones de opresión —víctimas reactivas— y no debemos confundirlos con agresores.

10. El evento identificado como ataque ha sido responsabilidad en mayor medida de la supuesta víctima que del presunto agresor.

11. El evento identificado como ataque ha sido responsabilidad del presunto agresor y de la supuesta víctima de manera más o menos equilibrada.

12. El evento identificado como ataque ha sucedido solo una vez por parte del presunto agresor hacia la supuesta víctima en el momento del análisis —sin que se haya coordinado con otros supuestos agresores para turnarse.

Es oportuno recordar que descartar un evento de ataque como parte de una campaña de acoso escolar no significa descartar una campaña de acoso escolar —compuesta por otros eventos.

Con el objetivo de simplificar la manera de realizar este acto, se enumerará una lista de condiciones que descartan el diagnóstico de bullying:

1. El número total de eventos identificados como ataques, realizados por parte del presunto agresor hacia la supuesta víctima hasta el momento del análisis, ha sido bajo —sin que se haya coordinado con otros supuestos agresores para turnarse— en relación con el tiempo de convivencia.

2. El tiempo promedio sucedido entre los eventos identificados como ataques, realizados por parte del presunto agresor hacia la supuesta víctima, es alto —sin que se haya coordinado con otros supuestos agresores para turnarse.

Pero, y si no es acoso escolar, ¿qué es?

Aquí hay que tener mucho cuidado con la terminología utilizada en Ciencias de la Educación, porque conduce a error.

El término «conflicto escolar» parece indicar, intuitivamente, que es toda situación producida en el ámbito educativo y que genera un conflicto entre miembros del alumnado —cuanto más, si hay algún tipo de violencia de por medio—. Es, por tanto, muy fácil caer en el error de creer que el acoso escolar está incluido en esta definición.

No es correcto.

De hecho, lo que en nuestras aulas se designa como «conflicto escolar» incumple por definición casi todos los puntos que conforman el acoso escolar. Estos son los siguientes:

a) La intención de cada acto responde a uno o más conflictos y/o discusiones por intereses enfrentados, y no persiguen dominar, dañar y/o explotar al otro —incluso si esto es un efecto secundario resultante para quien se alza «vencedor».

b) Pueden ser intencionales o no. Con frecuencia, al menos el conflicto inicial no lo es.

c) Pueden ser dirigidos o no. Generalmente, al menos el conflicto inicial no lo es.

d) No existe un desequilibrio de poder manifiesto o, de existir, la fuente de dicho poder no se emplea en el conflicto. Por ejemplo, en una discusión verbal —sin amenazas— entre dos niños por ver quién es el primero en ir al baño, con uno sacándole varias cabezas al otro, su superioridad física no se aplica a una disputa de este tipo —hablada—, ni es relevante para su naturaleza.

e) Aunque el reparto de responsabilidades no tiene por qué estar justo en su punto de equilibrio —que ambos rivales tengan exactamente la misma cantidad de culpa en el conflicto—, sí que se aprecia una carga bastante aproximada en los motivos que sostienen el desencuentro.

f) No es necesario cumplir con un criterio de cronicidad. El evento del conflicto escolar puede ser único, puede conllevar una serie de eventos en respuesta de uno a otro sin parar, o puede prolongarse mucho en el tiempo.

Como puede observarse, los criterios de comportamiento predatorio, desequilibrio de poder y reparto de responsabilidad quedan totalmente suprimidos en un caso de conflicto escolar. Es por ello que calificar una situación de violencia entre dos alumnos como «conflicto escolar» —o, lo que es más preocupante, una sucesión de «conflictos escolares»— **implica descartar por defecto el diagnóstico de acoso escolar.**

Por tanto, los padres debemos estar muy atentos a la semántica empleada por las autoridades educativas —principalmente, la que queda bajo constancia escrita— y, en caso de percibir comportamiento predatorio, desequilibrio de poder y/o asimetría sostenida en el tiempo en el reparto de responsabilidades, negarnos a permitir que se califique la situación como un «conflicto escolar».

Amén de otros motivos —como el de invalidar que se incoe un PACAE en el expediente analizado—, por evitar que se utilicen herramientas totalmente contraindicadas para casos de bullying.

Llegamos aquí a uno de los grandes mitos de la gestión de la convivencia escolar, extendido incluso entre especialistas del asunto. No, la mediación escolar no es un instrumento adecuado para tratar casos de acoso escolar ya establecidos. De hecho, puede llegar a ser tremendamente perjudicial para la víctima.[7]

7. Cascón, P., «La mediación», *Cuadernos de Pedagogía*, n.º 286, 2000, pp. 72-76.

Pero ¿a qué se debe que su uso se haya extendido tanto entre gestores de la convivencia escolar?

Hay dos causas principales.

Primero, de nuevo, la ambigüedad del término «mediación escolar». Este parece indicar que se trata de una intervención —cualquiera— realizada y guiada para resolver una crisis de convivencia en un centro educativo, incluidas las de menor intensidad. Sin conocer en profundidad el término, se podría llegar a la falsa conclusión de que, por ejemplo, cuando un profesor llama la atención a un alumno que ha hecho que se le caiga de las manos el desayuno a otro estudiante, el docente está realizando una mediación escolar. Al fin y al cabo, está mediando y se encuentra en un colegio.

Pero esto no es cierto, la mediación escolar es un proceso muy específico que responde a unas normas concretas y que está indicada para unos tipos de situaciones muy determinadas. Como explican Ortega y Del Rey,[8] la mediación escolar es un proceso altamente estructurado, casi con un guion de actuación. Y está contraindicada para otros tipos de crisis.

Segundo, es cierto que la mediación escolar ha triunfado en nuestras aulas porque ha resultado ser una herramienta muy efectiva —cuando es bien empleada e implementada. Como indican Del Barrio y Van der Meulen,[9] esta herramienta tiene gran eficacia en la resolución de conflictos cotidianos, siempre y cuando se aplique en el contexto adecuado—. Repito, usada contra los conflictos escolares —¿recuerdas aquello que no es un caso de acoso escolar?

8. Ortega, R. y R. del Rey, *La violencia escolar: Estrategias de prevención*, Barcelona, Editorial Graó, 2003.

9. Del Barrio, C. y K. van der Meulen, *Acoso escolar: El maltrato entre iguales en la escuela*, Madrid, Alianza, 2001.

Siendo los conflictos escolares el tipo de crisis de convivencia más habitual en los centros educativos, y funcionando tan bien para gestionarlo las mediaciones escolares, los equipos de gestión de la convivencia de los diferentes centros de nuestro país se han acostumbrado a utilizarla por defecto como garantía de resolución.

Esto, sumado a que un ojo poco entrenado puede acabar diagnosticando conflictos escolares independientes en lo que en realidad son los diferentes ataques de una campaña de bullying, acaba fomentando algo terrible: cientos de casos de acoso escolar «tratados» con mediaciones escolares.

Un desastre.

Y es que los especialistas —los de verdad— en mediaciones escolares advierten una y otra vez tres bases incontestables de la herramienta: los protagonistas que forman parte del proceso —los discrepantes, es decir, los alumnos sometidos al proceso— deben acudir a la mediación escolar de manera voluntaria —sin condicionarlos a través de coerción, amenaza, intimidación o miedo— y sin estar sometidos a ningún tipo de desequilibrio de poder entre ellos.[10] Además, recuerdan que el objetivo de la mediación escolar es llegar a un resultado común que satisfaga, al menos parcialmente —y aunque no sea con igual intensidad— las posturas de todas las partes.[11]

Siendo así, la mediación escolar, en un caso de acoso escolar establecido:

a) Revictimiza a la víctima. Poner a la víctima en la misma sala que el acosador para que «hablen de sus problemas» puede generar un impacto psicológico negativo en la primera, au-

10. Olweus, D., *Conductas de acoso y amenaza entre escolares*, Madrid, Morata, 1998.
11. Cascón, P. «La mediación», *op. cit.*

mentando el estrés, la ansiedad o el miedo. Esto puede agravar el daño emocional ya sufrido.[12]

b) Empodera al agresor. Poner a la víctima en la misma sala que el acosador para que «hablen de sus problemas» valida los actos del segundo, justificándolos como «parte de un desencuentro».

c) Niega el desequilibrio de poder, dado que la mediación parte del supuesto de que ambos implicados están en igualdad de condiciones para dialogar. Esta negación puede redundar en el sentimiento de indefensión de la víctima.[13]

d) Pone a funcionar de manera destructiva el desequilibrio de poder en los casos en los que hay más de un acosador, porque los tiempos de las intervenciones deben ser semejantes, y si todos, menos la víctima, hablan contra esta, la proporción resulta abrumadora. Imaginemos que damos cinco minutos de intervención a cada participante en un caso de bullying en el que seis alumnos acosan a uno. La víctima podría —si lo consiguiera— explicarse durante cinco minutos, mientras que sería señalada durante treinta minutos en total.

e) La mediación busca la conciliación,[14] pero no aborda de forma adecuada la responsabilidad de los agresores por sus acciones —dado que, en casos de conflicto escolar, esta pasa a un segundo plano—. Aplicada a casos de bullying, como resultado elimina de la balanza la intencionalidad en un tipo de situación en la que el dolo es parte intrínseca del daño, así como necesaria para evaluar su intensidad.

f) Minimiza su gravedad. Tratar el acoso escolar como un

12. Serrate, R., *Bullying: Acoso escolar. Guía para entender y prevenir el fenómeno de la violencia en las aulas*, Madrid, Ediciones del Laberinto, 2007.

13. Olweus, D., *Conductas de acoso y amenaza entre escolares*, Madrid, Morata, 1998.

14. Ortega, R. y R. del Rey, *La violencia escolar, op. cit.*

simple conflicto envía el mensaje equivocado de que el comportamiento del acosador no es tan serio, normalizando y perpetuando un problema que no tiene nada de nimio.[15]

g) Expone aún más a la víctima al riesgo de represalias por parte del acosador, quien puede interpretar la intervención como un ataque o una amenaza a su posición de poder.[16]

h) Puede redundar en un impacto emocional terrible para la víctima, pues puede acabar obligándola a justificar su sufrimiento ante su agresor, lo cual tal vez sea humillante y traumático. Además, la víctima puede sentirse presionada a aceptar condiciones que no sean realmente justas.[17]

i) Durante el proceso, es necesario que los implicados manifiesten sus sentimientos. Que la víctima se vea obligada a expresar qué agresiones le han causado mayor daño y por qué da información y herramientas al acosador, que ahora sabrá qué actos son más efectivos a la hora de torturarla.

j) Ante casos de acoso escolar, lo que se necesita es garantizar la protección de la víctima, establecer consecuencias para el acosador y prevenir futuras agresiones. Una mediación escolar busca llegar a acuerdos entre las partes, obviando, en general, la reparación de los actos y la justicia.

k) Los expertos indican la mediación escolar para las faltas no consideradas muy graves.[18]

l) El mediador ha de ser equidistante, un tercero sin poder neutral e imparcial ante la disputa,[19] postura ante el bullying

<hr>

15. Díaz-Aguado, M. J. y R. Martínez-Arias, *La violencia entre iguales en la adolescencia y su prevención*, op. cit.

16. Rigby, K., *New Perspectives on Bullying*, Londres, Jessica Kingsley Publishers, 2002.

17. Serrate, R., *Bullying: Acoso escolar*, op. cit.

18. Ortuño Muñoz, E. de los Ángeles y E. Iglesias Ortuño, *La mediación escolar: Formación para profesores*, Madrid, Antonio Machado Libros, 2016.

19. *Ibidem.*

que resulta totalmente contraria a la ética más básica y a la deontología docente.

m) Si el objetivo de la mediación escolar es llegar a un resultado común que satisfaga, al menos parcialmente, las posturas de todas las partes, ¿cómo podrían las autoridades educativas facilitar una respuesta de esta índole cuando una parte busca dejar de sufrir violencia y la verdadera intención de la otra es ejercerla?

Por tanto, **la mediación escolar no se puede aplicar en casos de acoso escolar ya establecidos.**

Esta afirmación es todavía, por desgracia, discutida por profesionales de la educación.

Es por ello que invito a realizar una extrapolación de la propuesta con otros tipos de abuso, violencia y acoso que comparten muchos de los factores del acoso escolar —sobre todo, el carácter predatorio, la asimetría de responsabilidad y el desequilibrio de poder—, para contribuir a entender lo profundamente equivocado que es aplicar una mediación escolar ante casos de bullying:

- Imagina a una víctima de violencia machista.
- Imagina que pide ayuda a las autoridades competentes para acabar con su calvario y que estas, juzgando que es una situación poco grave, se decantan por realizar una mediación (K).
- Imagina que consiste en sentar a la víctima y al perpetrador en una sala bajo la premisa de que ambos pueden hablar libremente y sin miedo hacia el otro (C), ante un tercero sin poder de decisión, equidistante, neutral e imparcial con respecto a la situación (L), que los invita a charlar de su «desacuerdo» (B) para solucionar «la disputa» (F).

- Imagina el impacto y sufrimiento emocional de esa mujer, pasando por el trago de tener que relatar ante su maltratador lo mal que se siente cuando la tortura (A).

- Imagina mientras tanto al agresor, escuchando sus sentimientos y pudiendo tomar buena nota de cuáles de sus ataques le provocan más daño y de cuáles no (I), pudiendo usar dicha información para optimizar su futuro maltrato.

- Imagina luego a este tipo en su turno de réplica, explicando, como si fuera algo normal (B), que es oportuno agredirla, dado que últimamente descuida mucho su atractivo físico —que es un valor indispensable para él—, mientras el proceso y el mediador se muestran equidistantes al argumento (L), validando así sus pretextos para agredir (B).

- Imagina que lo único que se busque con todo este proceso sea que la víctima y su maltratador se vayan «reconciliados» a casa (E), descartando por completo como objetivo protegerla a ella o que él afronte responsabilidades por sus actos (J).

- Imagina a esa víctima instigada a aceptar resoluciones que no acaban con el problema (H) y que descuidan totalmente su protección, la justicia o la reparación del daño (J).

- Imagina que se la advierte desde el principio de que el resultado de la mediación ha de ser una solución que satisfaga, al menos parcialmente, los requerimientos de ambas partes (M) —que son: ella necesita que él no la agreda y él quiere agredirla bajo el pretexto de que no cuida su aspecto.

- Imagina que el mediador, equidistante, neutral, imparcial (L) y ateniéndose a esta premisa como única prioridad, propone que él se comprometa a agredirla menos a menudo y que ella acuerde hacer algo por mejorar su atractivo físico (M), de manera que se contenten, hasta cierto punto, ambas partes.

- Imagina que ella lo acepta porque, en ese momento, le suena justo y razonable, y porque así, al menos, recibirá menos agresiones (H).
- Imagina que se sintiese obligada a mostrarse conforme porque no transigir conllevaría ser la responsable de que el proceso no fructificase (H).
- Imagina lo que le ocurrirá a esa víctima cuando vuelva a quedarse a solas con su maltratador, tras haber pedido ayuda a las autoridades (G).

¿Te parece una locura?

Si esto sucediera, arderían las calles, ¿verdad?

Y con razón.

Es curioso que se entienda tan bien lo descabellado que es aplicar mediaciones en casos de responsabilidad asimétrica de tortura sistemática y dominación con desequilibrio de poder cuando se habla de violencia machista, pero que, al hacerlo en casos de acoso escolar —con idéntica configuración—, sea algo que, hoy en día, aún se discuta. Sobre todo, si se tiene en cuenta que hay un porcentaje nada desdeñable de acoso escolar que se basa en violencia machista.

¿Volverías a considerar adecuado como solución semejante proceso?

Afortunadamente, y previniendo el terrible efecto de los gurús que no conocen el daño que causan —que se autodenominan expertos en mediación sin serlo— y de las autoridades con ganas de adoptar una vía fácil y conocida, el artículo 44.5 de la Ley Orgánica 1/2004, del 28 de diciembre, de Medidas de Protección Integral contra la Violencia de Género, ya vedó su aplicación en casos de violencia machista.

No obstante, en España, para encontrar su prohibición en casos de acoso escolar hay que recurrir a la legislación autonómica —dado que las competencias educativas están transferidas a las comunidades— e incluso tener que cruzar diferentes artículos y fragmentos de un mismo decreto —haciendo la interpretación nada intuitiva.

Sirva como ejemplo el caso de Canarias. Es en el artículo 70.1 de su Decreto 114/2011, del 11 de mayo, por el que se regula la convivencia en el ámbito educativo de la comunidad autónoma de Canarias, donde encontramos que «las conductas gravemente perjudiciales para la convivencia en el centro», que debemos identificar mediante su artículo 64.1, «serán corregidas mediante la aplicación de las medidas previstas en el artículo 67», siendo estas, y no otras:

a) Suspensión del derecho de asistencia al centro docente por un periodo de once a veinte días lectivos sin pérdida de la evaluación continua, siempre que se realicen determinados deberes o trabajos bajo el control del profesor o profesora que se designe a ese efecto por el centro.

b) Suspensión del derecho a participar en las actividades extraescolares o en las complementarias fuera del centro docente, o del derecho a utilizar el servicio de transporte escolar o el servicio de comedor, durante un periodo que puede llegar hasta la finalización del año académico, cuando la conducta contraria a la convivencia haya tenido lugar con ocasión de la realización de las mencionadas actividades o servicios.

c) Inhabilitación para cursar estudios en el centro en el que se cometió la conducta gravemente perjudicial por el tiempo que reste hasta la finalización del curso escolar.

d) Inhabilitación definitiva para cursar estudios en el centro donde se cometió la conducta gravemente perjudicial. En este caso, el Consejo Escolar del centro podrá acordar la readmisión del alumno o alumna para el siguiente curso, previa petición y comprobación de un cambio positivo en su actitud.

Si continuamos la lectura del artículo 70.1, se dicta que dichas medidas se aplicarán «previa la instrucción del correspondiente procedimiento disciplinario. No obstante, el director o directora antes de iniciar el procedimiento intentará corregir la conducta mediante medidas aceptadas voluntariamente por el alumno o alumna o, en su caso, por sus familias. La aceptación de las medidas propuestas determinará que no se inicie el procedimiento».

Este fragmento añade ambigüedad, dado que las mediaciones escolares corresponden con este tipo, y parece proponerlas como alternativas a las medidas correctoras. No obstante, el artículo 70.1 termina con el siguiente texto: «No se aplicará esta posibilidad si la conducta es de las previstas en las letras *c)*, *d)* y *e)* del apartado 1 del artículo 64», siendo el inciso *d)* el acoso escolar.

De esta manera tan confusa, realizando saltos por los diferentes artículos del decreto, resulta incontestable que en la comunidad autónoma canaria es ilegal aplicar mediaciones escolares en casos de acoso escolar.

Sin embargo, abundan allí los testimonios de incumplimiento.

3

Claves de un superviviente

El acto de ayudar —incluso cuando la necesidad apremia— se torna complicado si no se entiende en profundidad la naturaleza del acoso escolar desde la perspectiva del mayor de los afectados: la víctima.

Normalmente, el acosado no suele estar en disposición, no posee la destreza lingüística o no controla las herramientas de autoanálisis suficientes como para poder explicarse de manera efectiva.

La afluencia de sentimientos, situaciones y pensamientos se sucede a una velocidad tal que la realidad supera en muchos casos su capacidad de asimilación.

Es por ello que las personas que quieren comprender a una víctima deben recurrir a un superviviente —alguien que fuera acosado en el pasado— y que sepa estudiar bien sus recuerdos sin dejarse llevar por el dolor.

A continuación, se recopila una lista de ciento once ítems: pensamientos, opiniones, experiencias, situaciones, emociones e ideas que se suelen repetir entre las víctimas de acoso escolar.

Una inmensa mayoría de ellos surgen de mi propia experiencia personal como superviviente, pero un porcentaje de las claves ha sido recogido a lo largo de años de estudio y de intervención en casos de acoso escolar, ciberacoso, grooming, sextorsión y phishing, ya sea como profesor —en Educación Secundaria y en Formación Profesional— o como perito judicial informático.

Al publicar la lista en las redes sociales, un porcentaje superior al 93 por ciento de las víctimas que opinaron aseguró sentirse muy identificado con la mayoría de los ítems. El porcentaje disminuye al 75 por ciento cuando la cuestión es identificarse con la totalidad de las claves enumeradas. La totalidad de los comentarios decían sentir identificación con más de la mitad de los puntos.

Es razonable, por tanto, creer que esta enumeración de notas es una muestra bastante representativa de lo que viven las víctimas.

Esta realidad se traduce en cifras preocupantes: los informes señalan que una de cada tres víctimas de acoso escolar no se lo cuenta a nadie, principalmente por miedo a sufrir consecuencias y/o por no querer preocupar a su familia.[20]

Comprender esta dificultad para pedir ayuda resulta clave a la hora de brindar apoyo efectivo.

Así que, para profundizar en su rol y maximizar el entendimiento del mundo del bullied —el sujeto que recibe el tormento—, recomiendo su lectura.

Cabe aclarar que ninguno de estos párrafos pretende hacer alusión a pensamientos, opiniones, experiencias, situaciones, emociones o ideas presentes —posteriores a la situación de bullying—, sino a las padecidas mientras una persona sufre acoso y expresadas como si se hiciese en ese momento de opresión. Además, están escritas en segunda persona para ayudar al lector a ponerse en el lugar del agredido.

1. Todo al que se lo cuentes te dirá que se solucionará si lo hablas con alguien. Pero ¿no te lo estoy contando a ti?

---

20. Díaz-Aguado, M. J. y R. Martínez-Arias, *La violencia entre iguales en la adolescencia y su prevención*, op. cit.

2. Lo peor del bullying no son los actos de agresión en sí, sino el sentimiento de persecución que te acosa cuando no te están agrediendo. Cuando te pegan, al menos sabes dónde se encuentran tus bullies. Duele, claro. Pero cuando no lo están haciendo, no sabes dónde están. Eso te da casi más miedo. A eso yo lo llamo la paranoia del perseguido.

3. Los agresores son unos expertos del camuflaje, muy dados a fingir ante las autoridades ser las víctimas, e incluso a acusarte a ti de hacerles bullying. No te resultará nuevo que, tras darte una patada en el estómago, llame a tu profesora y le diga que lo estás molestando. Es más, puedes acabar llevándote una reprimenda y una llamada a tus padres.

4. Los agresores aumentan la intensidad del abuso de manera directamente proporcional al número de espectadores que observan la agresión. Se crecen con lo que yo llamo el subidón del gladiador, como si de un circo romano se tratase.

5. El primer acto de bullying suele marcar la contingencia del chivato. Se trata de una amenaza con la que te coaccionará para que no cuentes tu martirio. Al principio, es la más básica de todas: «Si se lo cuentas a alguien, te zurro». Según el poder que su amenaza tenga sobre ti, será más o menos atrevido en sus ataques y en sus mecanismos de tortura.

6. La contingencia del chivato te será recordada a menudo de manera preventiva. A veces, sin motivo e incluso sin agresiones por las que utilizarla. Es una manera de tenerte sometido. Tu bully puede llegar a reducirla a un gesto —un puño, un dedo deslizándose por su garganta, la mano abierta…—, para poder ejercer sus coacciones incluso en mitad de la lección y sin que se enteren terceros.

7. Sea lo que sea lo que te estén haciendo hoy —incluso si es tan gordo como obligarte a tragarte sus esputos—, mañana será peor. Siempre. Puede que al día siguiente sea solo un poquitín peor..., pero lo será.

8. Como los agresores se aburren rápido de sus ataques y la contingencia del chivato tiene un poder limitado sobre ti, de vez en cuando intentarán encontrar una nueva contingencia del chivato que te cause mayor pavor. Así crecerá su poder sobre ti y aceptarás peores vejaciones.

9. Cualquier cosa ante la que muestres temor será tanteada por tus bullies como posible contingencia del chivato. Probarán lo que sea hasta encontrar una contingencia del chivato más poderosa.

10. La única forma de poner a prueba nuevas contingencias del chivato es exponiéndote a sus resultados. Incluso sin chivarte. Si te da vergüenza tu cuerpo y lo averiguan, te desnudarán ante la clase. Si ven que tu sufrimiento es mayor que con las anteriores amenazas, esa pasará a ser la nueva contingencia del chivato: «Como se lo cuentes a alguien, te dejo en bolas en medio del patio».

11. Si sufres una fobia, ten por seguro que, de enterarse, tus bullies la utilizarán como mecanismo de tortura y como contingencia del chivato —la más poderosa de todas.

12. Los agresores usan a menudo la violencia epistémica: anularte ante los demás, burlarse de tus capacidades, maximizar tus errores en público, minimizar tus aciertos, risitas cada vez que interactúes en clase, miraditas cómplices con otros agresores, gestos de asco si abres la boca...

13. Hacerte el vacío, hacerse amigo de tus amigos y dejarte sin compañeros, volver a la gente en tu contra, casti-

gar a los que permanezcan a tu lado para que se marchen «por su propio bien»... Todo eso es parte de la violencia epistémica.

14. Tus agresores te quieren solo. Esa es una de sus prioridades: dejarte solo. Harán cuanto puedan para conseguir que te aísles o, al menos, que te sientas como si así fuera.

15. Para ello recurrirán a la violencia epistémica, a la ridiculización y a la difamación.

16. La violencia epistémica es una guerra de desgaste. No consigue dañarte por un único acto muy doloroso, sino por muchísimos actos minúsculos que van minando tu autoestima. Sin cesar. Sin descanso. A cada oportunidad que se presenta. Forzando las ocasiones de ejercerla cuando no las haya.

17. Debido a esa insidiosa guerra de desgaste, es prácticamente imposible denunciar la violencia epistémica ante el profesor. «Profe, me está mirando mal», «Profe, se ríe cada vez que usted me pregunta», «Profe, pone los ojos en blanco cada vez que usted me saca a la pizarra», «Profe, dice que estoy gorda» o «Profe, me está dejando sin amigos»... no son quejas creíbles y fáciles de defender. Si lo intentas señalar, te expones a las consecuencias de tu acosador —que hará efectiva la contingencia del chivato— a cambio de nada, porque puede que tu profesor no crea algo tan poco plausible. Pensará que son inseguridades tuyas, de las que culpas a otros.

18. Denunciar la violencia epistémica no solo resulta difícil de argumentar, además, es fácil de desmentir y te pasa factura, dejándote en ridículo ante la autoridad —y el público— al que acudas. Pongamos que, cada vez que pasas junto a la mesa del bully, este se abanica la nariz —fingiendo que hueles muy mal—. Si, en ese momen-

to, te quejas con un «Profe, hace como que huelo mal», incluso si tu protesta es aceptada, difundes el mensaje del agresor en alto, ante todo el aula. Cimentas el rumor y, además, regalas al matón un subidón del gladiador al brindarle un público mayor.

19. El bullying que se basa únicamente en ejercer violencia epistémica puede llegar a provocar a corto plazo más dolor y daño que el físico.

20. El bullying que se basa únicamente en ejercer violencia epistémica casi siempre provoca a largo plazo más dolor y daño que el físico.

21. Por experiencia propia, las niñas en general, los agresores más inteligentes y el bullying entre adultos suele basarse en violencia epistémica.

22. ¡Sorpresa! Sí, el bullying también puede darse contra víctimas adultas y por agresores adultos.

23. Hay niños que le tienen miedo a la oscuridad. Otros, al monstruo del armario. Esos niños son afortunados: no hay una ley que los obligue a enfrentarse a sus miedos cada día. Para una víctima de bullying es muchísimo peor, porque el reglamento obliga a sus padres a exponerlo a su fobia, ya que su peor pesadilla es ir a clase.

24. Estás dispuesto a hacer cualquier cosa para no ir a clase: desde fingir estar enfermo hasta provocarte una lesión.

25. Los domingos por la tarde, la amenaza de tener que volver al colegio —tras unos días de tranquilidad— te provoca unos nervios tan grandes que puede llegar a dolerte la barriga y a descomponerte el estómago. Cuando tu temor es muy grande, llegas a vomitar por ansiedad. También son habituales los dolores de cabeza del domingo por la noche. No son falsos, sino somatizaciones de tu estrés.

26. El agresor puede llegar a utilizar situaciones extremadamente complejas —mecanismos de tortura— para causarte dolor, pero lo peor es que nunca sabe, en el fondo, todo el dolor que te está causando. Un bully nunca es consciente en toda su profundidad del mal que está provocando, incluso cuando lo parece.

27. El recreo es el peor momento del día. Buscas excusas para evitarlo: te ofreces a ayudar a la profesora a recoger la clase o te metes en la biblioteca. Si te obligan a ir al patio, buscas un rincón que te sirva de escondrijo. Estás dispuesto a portarte mal para que te penen sin recreo y así no tener que hacer frente a tus bullies.

28. Los permisos para ir al baño son una ruleta rusa. Tu agresor puede solicitarlos cuando tú estés en el aseo y pillarte dentro, donde no hay adultos vigilando. Si reúnes el valor y vas, los segundos se vuelven tensos y te apuras en terminar cuanto antes. Qué va, qué va…, mejor te aguantas hasta llegar a casa. Seis horas.

29. El timbre de la salida, ese instante en el que ves tu vida pasar por delante de tus ojos. Si has tenido suerte y tus acosadores no te han pillado en todo el día…, ahí te echan el guante sí o sí. Y puede que con ganas acumuladas.

30. Los alrededores del colegio son tierra de nadie a la hora de la salida. Si te están dando una paliza…, ¿puede un profesor hacer valer su autoridad para ayudarte estando fuera de su «jurisdicción»? Esos cien metros alrededor de la escuela son la selva, y solo sobrevive el más rápido.

31. ¿La vuelta a casa? Miras más sobre tus hombros que el protagonista de una peli de acción, esperando siempre a que aparezcan corriendo tras cualquier esquina tus maltratadores. Es una tensión muy difícil de aguantar. Maldita paranoia del perseguido, ¿por qué no te abandona nunca?

32. Justo el día en que decides destensarte y volver a casa sin miedo, de detrás de un contenedor salta tu bully sobre ti. Bendita paranoia del perseguido, ¿por qué te había abandonado?

33. Las clases empiezan a irte muy mal. Tus notas se hunden. Los psicólogos te dirán que es propio de tu estado de víctima, y que se debe a que no encuentras incentivos para disfrutar del colegio. No entienden nada: no puedes estar atento al profesor porque tu atención debe centrarse en la supervivencia y en preguntarse por qué a ti.

34. Además, la ilusión por estudiar gira en torno a la consecución de un logro futuro. ¿Tendrás un futuro? ¿Vale la pena?

35. Te vuelves un experto en mentir. La de falsedades que tienes que sacarte de la manga para justificar tus heridas, tus depresiones, tus cambios de humor y tus fracasos mejoran considerablemente tu creatividad y normalizan el uso de la mentira como herramienta.

36. Te vuelves experto en proteger a tus verdugos. Mientes para que ellos puedan continuar acosándote. Eres el peor de los cómplices de tu bullying —y el más necesario.

37. Eres consciente de ello y lo achacas a la cobardía. Te das más asco por ello.

38. Hay un momento en el que empiezas a creer que te mereces lo que te hacen.

39. Hay un momento en el que empiezas a creer que la única forma de no ser víctima de bullying es ser agresor de bullying.

40. Hay un momento en el que normalizas tu relación con tus agresores y consideras normal y lógico lo que te hacen. ¡Qué asco te das!

41. Hay un momento en el que llegas a plantearte por qué no estarán abusando de ti aquellos que no lo hacen, como si eso fuera lo extraño.

42. Hay un momento en el que desconfías de todo el mundo por sistema, puesto que lo normal es que las personas te maltraten.

43. Hay un momento en el que llegas a buscar la aprobación de tus agresores.

44. Has cometido un grave error: si lo intentas, empezarán a torturarte utilizando esa necesidad. Les habrás regalado un nuevo poder sobre ti mejor que la contingencia del chivato: la sumisión. Pueden llegar a pedirte que hagas cosas para conseguir su aprobación, episodios que solo perseguirán seguir martirizándote. Pueden incluso inducirte a hacer daño a otros o a cometer actos de autolesión.

45. Muchas veces, el bullying se entremezcla con ciertos tipos de violencia sexual. No suele llegar al extremo de la violación, pero puede llegar a jugarse con la idea. Atacan tu intimidad sexual —generalmente, exponiéndola—. Tampoco es extraño que te utilicen como herramienta o esclavo para realizar actos de carácter sexual.

46. Si eres víctima de bullying de un agresor, eres como una cebra herida que camina por la selva: todos los leones irán a por ti. Huelen la sangre. Todos los bullies se sumarán a tu martirio, incluso las víctimas que quieran dejar de serlo.

47. Existe el bullying moda. La víctima no lo es siempre, solo durante un periodo. Pero este resulta muy intenso y a él se sumará todo el mundo.

48. Descubres tantas curas medicinales para ocultar los moretones y cicatrizar las heridas que te haces experto en remedios.

49. Dejas de ir a las excursiones. No solo son nuevos escenarios —no conocidos y, por tanto, más peligrosos— en los que ser acosado, sino que no ves incentivo en descubrir otros lugares con gente que maquina para hacerte sufrir.

50. Tus padres y tu profesor te obligan a ir. Genial. Todas esas actividades que requieren agrupaciones generarán nuevas oportunidades para torturarte. Y los agresores no las desperdiciarán.

51. En el transporte escolar el asiento junto al tuyo es motivo de algo parecido al juego de las sillitas... pero al revés: nadie quiere ocuparlo. A la hora de salir, tus compañeros se matan por subir corriendo y ocupar un puesto que no esté a tu lado. Nadie quiere quedar el último y que la profesora lo obligue a sentarse junto a ti.

52. Pero siempre queda uno sin sentarse —el más lento en huir de ti—. La profesora le indica dónde debe sentarse. En el peor de los casos, comienza entonces una humillante disputa en la que discute con su maestra, argumentando —ante un autobús lleno de niños— los motivos por los que no quiere hacerlo. Con discusión o sin ella, el resto de los presentes se ríe cuando ocupa tu asiento vecino, como si fuera una especie de castigo gracioso el mero hecho de estar tan cerca de ti.

53. Cada vez que hay una charla sobre el bullying en el colegio, tus compañeros de clase se convierten en angelitos que piden el turno de palabra para asegurar lo mal que les parece ese tipo de abuso. Pero, cuando el ponente se da la vuelta, todos te dirigen miraditas cómplices.

54. Antes de las nuevas tecnologías, también había bullying. No tenía nombre, se empatizaba menos con los casos y había menos conciencia social sobre el asunto, pero no era muy diferente.

55. Lo bueno era que acababa cuando llegabas a casa. Ahora te persigue allí donde lleves el móvil.

56. El mero sonido de las notificaciones de tu smartphone ya te genera ansiedad. Tono de llamada, aviso de mensaje, alerta de Instagram o un nuevo wasap, y ya te estás preguntando qué nueva forma de hacerte daño estarán utilizando esta vez.

57. Las difamaciones por las redes sociales son terribles. Tus bullies han conseguido comunicación con personas más allá del entorno de tu colegio. Primos, amigos externos, compañeros de actividades de ocio..., ahora pueden ridiculizarte y hacerte daño ante todos ellos.

58. Te has convertido en objeto de burla hasta en donde no estás presente. Con tu cara han hecho memes, stickers, caricaturas en publicaciones... Eres la diana de todos sus chistes por sistema.

59. No puedes tener vida social en la red. Tus bullies no solo te persiguen e infectan todo grupo de contactos que tocan —promoviendo la mofa y el rechazo hacia ti—. Además, se crean cuentas falsas para hacerse pasar por contactos nuevos con los que congeniar y luego torturarte de alguna forma. Son grandes suplantadores.

60. En su eterna búsqueda por conseguir que estés —te sientas— solo, los acosadores se han hecho una cuenta falsa que se hace pasar por ti y que perpetra todo tipo de desmanes entre tus contactos, generando antipatía. Ahora hay gente que te odia por cosas que no has hecho.

61. La atmósfera de opresión es tan pesada y constante, la paranoia del perseguido es tan potente, que empiezas a buscar soluciones fáciles, salidas inmediatas a tu problema. Te planteas como prioridad el dejar de sufrir.

62. Llegas a creer que tu muerte sería una pérdida que nadie lamentaría. Además, así dejarías de ser torturado. No tienes incentivos para vivir.

63. Tras normalizar tu muerte como opción, te planteas provocártela.

64. No crees a nadie que te diga que sabe por lo que estás pasando. El dolor se ha centrado tanto en ti que crees que eres la persona que más sufre en el mundo y que nadie puede ni llegar a imaginar tu agonía, porque nadie está en tu lugar.

65. Tu sufrimiento te insta a autocompadecerte. Esa llega a ser la única forma de mostrar algún aprecio hacia ti mismo que te queda. La autocompasión ha sustituido a la autoestima.

66. Te acostumbras demasiado a autocompadecerte. ¿Acaso no es normal con todo lo que estás sufriendo?

67. Necesitas autocompadecerte.

68. Comienzas a autocompadecerte por situaciones que no constituyen actos de bullying contra ti. Hasta con personas que no son bullies. Crees que todo el mundo quiere hacerte daño.

69. Tu autocompasión se vuelve tóxica. Agobia a los demás. Aquel que conoce el motivo comprende que eres una víctima en un contexto, pero no que tengas que sentirte una víctima en todos los contextos y en todas las situaciones. No entiende que, poco a poco, esa es la única forma que te queda de relacionarte contigo y con los demás.

70. Tu autocompasión genera rechazo en otras personas, que se alejan de ella. Al final, estás ayudando a que se cumpla el objetivo de tus bullies: te quedas solo.

71. Los profesores también son susceptibles de sufrir bullying por parte de los alumnos.

72. Ni una sola vez, ni una, la respuesta violenta —ni por parte de la víctima, ni por parte de sus familiares— ha solucionado el problema de fondo que hay tras una situación de acoso escolar. Ha empeorado la virulencia o ha trasladado el rol de víctima a otro, pero nunca lo ha solucionado.

73. Cuando respondes a tu agresor con violencia y él tiene mayor poder que tú —ya sea por fuerza, por arma o por grupo—, a partir de ese momento, su acoso hacia ti se verá incrementado y desatado.

74. Cuando respondes a tu agresor con violencia y tú tienes mayor poder que él, nada garantiza que no vuelva a por ti cuando consiga un poder superior —ya sea más fuerza, mejor arma o mayor grupo—. Y si consigue imponerse, en ese momento, su acoso hacia ti se verá incrementado y desatado.

75. Cuando respondes a tu agresor con violencia y tú tienes mayor poder que él, existe cierta probabilidad de que las agresiones dejen de dirigirse hacia ti. Pero no habrás solucionado el problema del bullying. Simplemente, alguien distinto a ti será la víctima.

76. A pesar de todo esto y de lo poco recomendable que es la respuesta violenta contra un acosador, te educan para creer que un buen golpe es capaz de solucionarlo: de la víctima «defendiéndose», de sus padres «defendiéndolo» o de los padres del agresor «educándolo».

77. La sociedad está convencida de que el final de *The Karate Kid* es la solución: la víctima dándole «su merecido» al agresor.

78. Te hacen compilaciones de vídeos en YouTube titulados «karma instantáneo», en los que una historia de acoso acaba «bien» porque la víctima le parte la cara al agresor.

79. Tus padres pueden llegar a ser cómplices de ese tremendo error, diciéndote la frase «Tú no seas bobo. Si te pegan, tú les pegas».

80. Lo que nunca te dicen es que el agresor también tiene un problema merecedor de recibir ayuda y digno de empatía. Es muy difícil empatizar con él —sobre todo para ti, que sufres sus torturas—, pero necesita auxilio. Principalmente, terapia.

81. Una persona sin ningún tipo de desequilibrio o trastorno nunca será un bully. Alguien que acosa en el colegio lo hace porque tiene muy baja su autoestima y desea hundir la de otro —en un intento de estar por encima de alguien.

82. Una persona sin ningún tipo de desequilibrio o trastorno nunca será un bully. Alguien que acosa en el colegio lo hace porque tiene muy baja su autoestima y busca suplirla mediante la aprobación de su público, disfrutando del subidón del gladiador.

83. Deseamos simplificarlo —asegurando que el matón es malvado porque disfruta haciendo lo que hace—. ¡Odiarlo es tan sumamente sencillo...! Pero —en general— no es así de fácil. En resumen: un bully tiene un profundo problema de autoestima, y lo intenta sobrellevar aplastando la de otro —para no ser el que la tenga más baja— y supliéndola con la aprobación de terceros —que disfruten de ver cómo te torturan—. Esta aclaración no justifica los terribles actos que realiza el bully, por supuesto. Pero sí los explica, señalando sus causas más allá del causante.

84. Estás convencido de que no hay salida. No encuentras solución. Te sientes arrinconado. Y el ser humano —al igual que el resto de los animales— se vuelve extremadamente peligroso cuando se siente acorralado.

85. Fantaseas con soluciones drásticas. ¿Y si aprendo kárate? ¿Y si llevo un arma a clase? Ninguna de esas cosas solucionará tu problema. Pueden incluso agravarlo. Pero, en tus ensoñaciones, todo acaba con un final feliz.

86. Te planteas plantarle cara a tu bully. Lo haces delante de la gente. Error: la única manera de «obtener el respeto» que tiene el bully es demostrando a su público que te tiene dominado. Si evidencias que no —de esa forma—, querrá dar ejemplo. La respuesta será peor casi en la mayoría de los casos.

87. Entiendes que no debes contar en tus planes con el apoyo de los espectadores. Si te lo dan, mejor. Pero no es habitual. De hecho, resulta más común que coreen y animen a tu bully mientras te agrede, como si del público de un show televisivo se tratase.

88. Aprendes a odiar a una edad muy temprana. Llegas a conocer muy bien un sentimiento de rencor profundo, en un momento de tu vida muy inapropiado.

89. Descubres que, a veces, eres capaz de llorar sin que te ocurra nada nuevo. Solo por acumulación y constancia.

90. Durante una época, tal vez pudo ser así, pero ahora esos llantos ya no te sirven de desahogo. No te sientes mejor al acabar. Puede incluso que te sientas peor al percibirlo como una debilidad.

91. De vez en cuando, el bully necesitará reafirmar ante su audiencia su poder sobre ti, incluso aunque no lo desafíes. Esto ocurre a veces tras días de —tensa— calma. Es demoledor..., justo cuando empezabas a respirar, te ahogan.

92. ¿Y si lo cuentas y no te creen? ¿Y si lo denuncias y lo desestiman?

93. ¿Y esa gente que lo corea? ¿No sabe el poder que tiene? ¿No saben que, de proponérselo, podrían acabar con

tu sufrimiento? ¿Hasta qué punto son menos responsables de tu acoso que tu bully?

94. Tu odio, tu rencor y tus fantasías de responder al daño con más daño empiezan a extenderse a los testigos del acoso, que no mueven un dedo por ayudarte.

95. Crees que nadie puede ayudarte, ni siquiera quienes deberían estar capacitados —padres, profesores, policía...—. Piensas que el peligro escapa a su capacidad de control.

96. Alguien, que supuestamente debería estar ahí para socorrerte, conoce tu situación, pero prefiere no complicarse la vida ayudándote.

97. Alguien, que supuestamente debería estar ahí para socorrerte, descarta tu petición de ayuda.

98. Alguien, que supuestamente debería estar ahí para socorrerte, justifica tu petición de ayuda asegurando que lo que quieres es llamar la atención.

99. Alguien, que supuestamente debería estar ahí para socorrerte, insinúa que tu petición de ayuda es, en realidad, un intento de perjudicar a tu bully —que es totalmente inocente.

100. Alguien, a quien pides ayuda en privado —y muerto de pánico—, decide actuar en público, llamando la atención a tu bully delante de todo el mundo y dejando claro que la información proviene de ti. Además de destapar tu intento de desobediencia a su dominación, el público que está presente le brinda el subidón del gladiador. Para colmo, la intervención no soluciona nada. Ahora, tu peor pesadilla con patas sabe que te has «chivado» y tendrá que darte una lección —desencadenando la contingencia del chivato como castigo—. Si así es como van a ayudarte, mejor no probar de nuevo.

101. Alguien con el que hablas del tema empieza a responsabilizarte a ti de tu propio acoso: «Claro, es que, si llevases otra ropa, esto no te pasaría», «Es que, si estuvieras más flaca, esto no te pasaría», «Es que, si cambiases de gafas, esto no te pasaría». Total, que el culpable de tu acoso escolar eres tú.

102. Empiezas a creerte algunas de las difamaciones que tu bully difunde. Comienzas a pensar que hueles mal, que eres fea, que tienes bigote, que eres idiota, que eres gordo... Este concepto se llama introyección: de tanto repetírtelo, acabas creyéndotelo. Se vuelve tu realidad.

103. Los complejos generados por las introyecciones fomentan tu autocompasión y te aíslas aún más.

104. Muchos ataques de tu bully consistirán en amarrarte, amordazarte y/o encerrarte.

105. Algunas veces, acabas colaborando con tu encierro o atadura.

106. Te amenazan con que forcejees o grites. Estás un tiempo así, atrapado. No sabes si se han ido o si siguen fuera, pendientes de que hagas ruido para cumplir con su advertencia y castigarte. Llegas a estar quieto horas tras su marcha, solo por miedo a que continúen esperando. No pides ayuda por miedo y por vergüenza.

107. Cuando un bully se exceda —que lo hará tarde o temprano— de lo que su público esté dispuesto a aplaudir, recurrirá a hacer ver que, si no disfrutas de las «bromas» que causan tu sufrimiento, es que eres un amargado sin sentido del humor. Al parecer, te debe hacer gracia que te torturen.

108. Llegas a creer que eso es cierto.

109. Cuando estás siendo sometido a acoso escolar —incluso cuando este se limita a la violencia epistémica—,

las escaleras del colegio se convierten en un lugar que temer. Es muy fácil que los bullies crucen en ellas la frontera de la violencia física —o que profundicen en sus agresiones corporales— con una zancadilla furtiva o un empujón camuflado. Hay un preocupantemente alto porcentaje de casos de bullying que incluyen «caídas» provocadas por las escaleras. Los agresores juegan a amagar con empujarte, así que vas con mil ojos y procuras bajar el último.

110. Tu paranoia del perseguido alcanza un nuevo nivel que puede incluso perdurar años después de haber dejado atrás el acoso escolar. Cada vez que ves un grupo de personas, presientes peligro. Cuando pasas por un pasillo con gente a ambos lados, esperas un ataque. Cuando te subes a un ascensor o entras en un baño y descubres que no estás solo, te puede la ansiedad. Cuando escuchas risitas, estás seguro de que eres la causa. Te sientes en el punto de mira constantemente.

111. Siempre habrá alguien que te suelte la peor de todas las frases: «Son cosas de críos».

4

Testimonios de supervivencia

Comprender a una víctima requiere ponerse en su piel.

Tras analizar los patrones habituales de acoso escolar en el capítulo anterior, en este te muestro una recopilación de testimonios individuales y personificados aportados por supervivientes.

Tenía menos de diez años y no había llegado aún a Secundaria el día que mi matón, tres años mayor que yo —lo que, en cuanto a complexión y a tamaño se refiere, se traducía en una diferencia brutal por el desarrollo de los chicos a esa edad—, que llevaba dos cursos acosándome, decidió que era el momento de ponerle la guinda al pastel —dándome una paliza en el patio de mi colegio.

Todo había sucedido muy rápido. Estaba humillándome delante de toda la clase, como siempre, y había decidido extender su burla a otra compañera.

Por algún motivo que no consigo comprender, le pedí que parase. Nunca había sido tan atrevido a la hora de protegerme a mí mismo... ¿y ahora me la jugaba por otro?

Me miró con ojos predadores y casi pude escuchar su gruñido dentro de mi cabeza: había desafiado su dominación delante de todo el mundo.

Los observadores, casi treinta niños de mi edad, guardaron un tenso silencio.

Pero el profesor acababa de llegar justo cuando se disponía a responderme: ese halcón que siempre nos vigilaba —intentando que aquel repetidor no se pasase con los demás— era la figura de salvación que siempre conseguía, con su mera presencia, tranquilizar los instintos homicidas del matón. Así que, entendiendo que aquel no era el mejor momento para reaccionar, el agresor se limitó a murmurarme una frase y a volver a su asiento: «Te espero a la salida».

No pude atender durante el resto de aquella clase, la última hora. El corazón se me iba a escapar del pecho y sentía ganas de llorar de puro pánico.

Intenté tranquilizarme dibujando halcones en mi cuaderno con el único lápiz que no me había robado: el de color verde.

Mi bully había usado aquella frase como amenaza cada vez que me había pasado de la raya, recordándome que no era buena idea pedir ayuda.

Pero aquel día no iba a ser una simple herramienta de coacción. No. Sus ojos lo dejaban claro: ese día llevaría a cabo su advertencia.

No recuerdo cómo llegué al suelo: era pequeño y recibí muchos golpes en la cabeza. Todo está borroso.

Solo recuerdo estar aovillado sobre las baldosas del patio, intentando protegerme la cara con las manos mientras las punteras de sus Nike me pateaban la nuca, la coronilla, la frente y los ojos.

Ante el corrillo de público que se formó y que se limitaba a vitorear el espectáculo sin mediar, aquel chico decidió subir otro nivel: las patadas en mi espalda eran más sonoras que en mi cabeza, y jaleaban mejor los ánimos de mis compañeros expectantes, que rugían en oleadas tras cada uno de los golpes —como si estuvieran en una especie de circo romano y animasen a su gladiador favorito—. Así que se esmeró y fue exhaustivo.

Parecía que los gritos de apoyo aumentasen sus fuerzas, y mi cuerpo sintió las consecuencias.

Y, entonces, cuando aquello ya no fue suficiente —según sus propias exigencias—, empezó a saltar sobre mi cara con todo su peso, esforzándose en impulsarse hacia arriba todo cuanto podía con el empuje de sus piernas, para caer con la mayor fuerza posible de talón sobre mi cráneo.

Me cubrí durante la mayoría de las acometidas.

Una de las veces, a pesar de intentar recibir los golpes con los antebrazos, no pude evitar que uno de aquellos saltos acabase con sus suelas aterrizando sobre mi mandíbula, que se encontró con la fuerza compresora de su calzado por un lado y de la resistencia tenaz del frío suelo por el otro.

Y, en medio de aquellas dos fuerzas enfrentadas, los huesos de mi boca crujieron, lo que provocó el sonido más espantoso que había escuchado en toda mi corta vida.

¿Te parece que mi relato es duro?

Te equivocas.

Duro es estar ahí, siendo la piñata favorita de un depredador insaciable.

Cada día.

No quiero compasión. A ese chico lo conozco de mayor, lo he tratado y no le guardo rencor.

Contribuyó a que hoy sea la persona en la que me convertí, y, sin justificar sus actos, casi que debería estarle agradecido al respecto.

Más tarde se puso a vender droga en la plaza de mi pueblo y me cruzaba con él casi a diario, de camino al instituto —mientras viví en mi barrio—. No hubo traumas, ni fobias, ni ansiedades.

Lo superé.

Quizá hoy puedo contarlo porque los halcones, que vigilaban en la distancia, pudieron lanzarse sobre nosotros y apartarlo de mí antes de que hiciera más daño a mi cuerpo inconsciente.

No lo sé.

Solo sé que, desde que supe gracias a quien seguía vivo, decidí qué quería ser de mayor.

Un halcón.

En tercero de ESO me sacaron a la pizarra un día. Sufrí tantos nervios por lo que sabía que iba a ocurrir —miraditas, signos de amenaza cuando la profesora no mirase, risitas, gestos para representar lo gorda que estaba...— que me dio un tic nervioso y se me paralizó media cara. Estuve así horas.

Se rieron más.

Yo sufrí episodios de acoso escolar y los superé con odio: cuanto más odiaba, mejor me sentía.

Después me volví violento. La violencia y el odio me hicieron olvidar.

Fui al ejército, me hice boxeador, estudié, me he ido formando... y ahora veo a los que me torturaban en el cole y me dan pena y asco.

Ocurrió en segundo de la ESO y fue sobre todo violencia epistémica. Ponían los ojos en blanco cada vez que salía a la pizarra y se partían el culo cuando fallaba una pregunta. Al año siguiente me cambié de instituto y, por fortuna, salió bien.

Pero me quedé con la espina clavada de por vida.

Hoy soy una persona insegura y sufro de ansiedad social.

En la ESO, unos chicos me daban palizas a diario hasta que me metían en un contenedor de basura y cerraban la tapa.

Todos los días.

Llegó el momento en el que, para evitar golpes, me metía yo solo y cerraba la tapa. Ellos solo pasaban por allí para comprobar que lo había hecho, me saludaban, reían y seguían su camino.

Una vez no vinieron a comprobar si había obedecido y pasé un cuarto de hora dentro, encerrado con una montaña de basura y casi sin aire. Esperando.

Me daba pánico salir sin que ellos hubiesen pasado revista y que lo considerasen una desobediencia.

☚

En primero de la ESO, la guapa de la clase me arrinconó en el baño con sus amigas.

Era algo habitual: me insultaban, se reían…, una de ellas había encendido un cigarro alguna vez y habían jugado a quemarme.

Ese día estaban especialmente creativas. La cabecilla me hizo darle mis braguitas y se las guardó en un bolsillo.

No entendí qué pasaba, pero me dejaron libre —e incluso me animaron a acompañarlas al patio—. Salí sonriente de la trampa sin saber que me estaba metiendo en otra peor.

Cuando llegó la hora del recreo, aquella chica reunió a mi clase en un rincón y les dio mi ropa interior a los chicos, asegurándoles que era la suya.

No sé si fue porque se creyeron que era cierto, porque se sintieron excitados o porque quisieron contribuir con la broma, pero los muchachos se comportaron como animales.

Tuve que ver, aterrada, como se turnaban para sobar mis braguitas, olfatearlas, lamerlas… Uno incluso las metió bajo su pantalón y empezó a tocarse.

Las niñas reían como locas —estaban todas avisadas del

plan con antelación—, pero yo guardé silencio para evitar descubrir quién era la verdadera dueña de aquella prenda.

Una profesora se acercó al grupo y nos dispersamos.

Cuando volvimos a clase, mis braguitas —totalmente pringadas— estaban sobre mi pupitre.

La guapa había contado la verdad a mi clase y todos habían celebrado la broma.

No quise volver al colegio en mi vida.

El profesor subía por las escaleras y me di prisa en actuar: cogí las braguitas a toda prisa y las tiré en la papelera de la clase.

Me pringué la mano y sentí arcadas, mientras mis compañeros volvían a reír con más fuerza.

Cuando el profesor entró, fingí un mareo y conseguí que llamase a mi madre para que viniera a buscarme.

Aquella tarde empecé a autolesionarme. Solo buscaba prolongar mi ausencia todo lo que pudiese —y lo conseguí por dos semanas.

Jamás le conté nada a nadie.

Cuando volví a clase, descubrí que mis compañeros me habían apodado «Bragas corridas».

Hoy siento escalofríos cada vez que mi novio toca mi ropa interior.

Me pincharon con un bolígrafo en el brazo haciendo que sangrara. Cuando nos llevaron con la directora, el que me lo hizo le dijo que yo misma me había clavado el bolígrafo y, acto seguido, empezó a llorar.

Le creyeron.

Dirección me trató como si fuese algún tipo de psicópata y me puso un parte.

En mi colegio hacían algo que llamaban «el pasillo». Todo el mundo se colocaba a ambos lados del corredor de las clases y, cuando alguien pasaba, le daban collejas según desfilaba por delante de ellos. Era como una ola de capotes hasta llegar a tu clase.

El juego parecía poca cosa como bullying cuando se explicaba que era algo que les hacían a todos, pero la intensidad de los golpes no era la misma dependiendo de la víctima.

En mi caso, cada impacto me tiraba al suelo, y era la propia muchedumbre la que me ponía en pie y me hacía avanzar.

☞

Mi bully hacía algo que me desconcertaba: entre agresión y agresión, se portaba «bien» conmigo: me acompañaba a casa, se ofrecía para formar pareja conmigo en las prácticas, se sentaba a mi lado...

Con el tiempo descubrí que aquello era algo que hacía las delicias de su público: yo, atemorizada, sin saber si el matón vendría ese día de buenas... o no.

☞

Sufrí una enfermedad infantil dura, cuyo tratamiento me hizo perder el pelo.

Las chicas de mi clase se burlaban de mi aspecto.

No sé si por ignorancia, por una broma descontrolada o por pura maldad, empezaron a decir que yo tenía sida.

En mi mesa tallaron la palabra «sidosa». En mi taquilla, pintaron con corrector el mensaje: «Fuera sidosos del colegio». Si alguien se acercaba a hablar conmigo, siempre había una voz que le gritaba que no lo hiciese o le pegaría el sida.

Uno de los bullies —nunca supe cuál— utilizó mi foto del colegio para crear —con el ordenador— un cartel de SE BUSCA. Debajo de mi cara se leía el mensaje: ¡CUIDADO! TIENE SIDA. NO

TE LA FOLLES. Aquel cartel amaneció pegado en todas las paredes del colegio, una copia cada veinte centímetros.

Hicieron un debate en Tuenti que llegué a leer: uno de los chicos aseguraba que yo le proponía todos los días hacerle una felación, pero que él se negaba por miedo a contagiarse. La conversación sobre las posibilidades de darme el visto bueno y sobrevivir se prolongaba durante más de cincuenta comentarios.

☞

La afición favorita de mi bully era traer a otros alumnos de la escuela para que me pegasen.

Las normas eran claras: si yo me movía, él me atacaba. Si su «invitado» no me pegaba, él lo atacaba. Así que todos los días, durante cinco cursos, estuvo trayendo ante mí a todos y cada uno de los alumnos de la escuela.

Incluso a los de cursos inferiores.

☞

Mi bully era mi hermano, de forma que, cuando llegaba a casa, mi acoso no acababa.

Era mayor que yo —dos años— y me hacía todo tipo de maldades.

Mis padres siempre aseguraron que mis quejas eran un intento de llamar su atención. Nunca fueron capaces de ver la realidad.

☞

En el colegio, un niño me hacía bullying.
En mi casa, mi hermano me hacía bullying.
En el trabajo, mi encargado me hace bullying.
Ahora estoy casada y mi pareja me maltrata.

Cuando empezaron a acosarme, comencé a acosar con ellos.

Era mejor ser depredador que presa, así que me uní a la pandilla que me hacía la vida imposible y empecé a hacérsela yo a los demás.

Todas las mañanas escupía dentro de la mochila de la misma niña, solo porque era gorda.

En ese momento ni me di cuenta, pero ahora que lo rememoro, aquel era el motivo por el que me habían perseguido a mí al principio, por mi sobrepeso.

☚

Me hicieron bullying durante trece años. Ahora soy profesor en una comunidad autónoma que exige que todos los colegios tengan un Plan de Actuación Contra el Acoso Escolar, pero trabajo en uno que no lo tiene. El inspector hace la vista gorda, y yo no puedo quejarme sin que mi empleo peligre.

☚

En quinto de primaria, mis compañeros decidieron hacer una lista con todas las chicas de la clase y puntuarnos por nuestro físico —en una especie de ranking—. Luego comunicaron en alto las notas medias.

Cuando cierro los ojos, todavía escucho las risas que se echaron a costa de las «feas».

Aún recuerdo que mi nota fue un tres.

☚

Mi estuche era el fetiche de mi acosador. Al principio, me lo robaba, lo ocultaba, lo tiraba a la papelera, lo lanzaba por la ventana o escondía su contenido por toda la clase.

Pero fue a más.

Empezó a meter dentro del estuche cosas asquerosas. Escupía en él o introducía papel usado del baño.

Una vez lo abrí en mitad de un examen para coger un bolígrafo y me manché las manos: había metido un excremento de perro.

Todos se rieron de lo lindo mientras el profesor los mandaba callar.

Pedí permiso para ir un momento a limpiarme al baño, pero me quedé allí dentro —toda la hora— llorando.

✍

Se burlaban sobre mi ropa interior y mis genitales.

Ellos intentaban que las mofas fueran colectivas e incitaban a los demás compañeros a participar de manera muy sutil: frases, pequeñas bromas en voz alta...

Una vez me arrinconaron y me forzaron a bajarme los pantalones de gimnasia.

Yo solo era una niña indefensa, y ellos cuatro matones gordos.

No lo hice, pero aquella sensación de miedo y de imposición aún me hace temblar cada vez que me cruzo con un grupo de personas.

✍

Mi profesor decidió solucionar el problema hablando ante todos en clase.

Mis acosadores negaron rotundamente haberme acosado, los observadores juraron no haber visto nada y yo me acobardé, de modo que me retracté y no sirvió para nada.

Bueno, para algo sí que sirvió: las agresiones empeoraron por haberme chivado.

✍

En tercero de primaria me mandaron una carta anónima diciendo que me iban a matar a mí y a mi familia. La carta la había escrito un niño de mi clase, pero la idea había sido de una compañera que lo había liado para que lo hiciera.

Mi bully consiguió tenerme tan domesticada que llegó el momento en el que no tenía que pedirme las cosas.

Nuestra relación víctima-acosador se había convertido en una rutina: si yo transigía con ciertas exigencias, él me dejaba tranquila.

Y yo cumplía.

Cada mañana venía a mi mesa y me daba la tapa de su boli. Yo tenía que meterla en mi vagina y dejarla allí hasta el recreo, momento en el que venía a buscarla.

Todos los días.

Tres cursos.

No sé por qué lo hacía, ni para qué la quería: simplemente era mi pago, la cuota que tenía que pagar para estar tranquila.

☞

Desde tercero de primaria hasta segundo de la ESO, nunca tuve un lápiz entero. Siempre me lo rompían.

Yo intentaba esconderlos, pero en cuanto los utilizaba, mi bully venía a mi lado y simulaba calma.

«¿Qué te tengo dicho? —me regañaba—. Esto es demasiado bueno para ti. Tú no mereces un lápiz entero. Venga, dilo: "No me merezco un lápiz entero"».

Me lo hacía repetir tres veces y me lo partía por la mitad.

Cuando mi madre me compraba lápices, yo mismo los partía. ¿Es que no lo entendía? Yo no merecía un lápiz entero, ¿no?

☞

Mis acosadores eran dos chicos.

Habían empezado como todos los casos: se burlaban de mí por ser gordito y me llamaban «vaca».

En cuarto de primaria comenzaron a pegarme y todo empeoró.

La cosa se complicó tanto que llegaron a utilizarme cuando cursamos primero de la ESO. Todos los recreos nos escondíamos bajo una escalera y me hacían masturbarles mientras ellos ojeaban la misma revista porno.

✍

Fue en la etapa de infantil. Mi acosador me obligaba a meterme bajo su mesa cada vez que volvíamos del recreo —cuando los niños estaban descontrolados—, se descalzaba y me obligaba a lamerle los pies hasta que la profesora tranquilizaba a la clase. Entonces me avisaba con una patada y yo volvía a mi sitio.

Estuvimos meses así.

Una vez, la profesora nos descubrió y él se echó a llorar. Le dijo que yo lo obligaba a dejarse lamer y que era muy raro.

Desde aquel día, pasaron tres cosas: Mi profesora me miró con asco hasta que cambié de etapa. Mis compañeros me pusieron el mote de «El chupador». Mis padres me llevaron a un psicólogo para descubrir «qué andaba mal en mi cabeza».

✍

Los bullies se colocaban en la puerta del parque cada vez que salíamos al recreo, y no dejaban entrar a nadie hasta que cada aspirante transmitía bien una contraseña.

La clave era decir mi nombre, seguido de la frase «es tan fea que su madre no la quiere».

Yo también tenía que decir aquella contraseña si quería entrar.

✍

Mi primer acosador fue mi primer novio.
Mientras salíamos.
Yo tampoco entiendo en qué estaba pensando.

Durante todo sexto de primaria, estuvieron burlándose de mi nombre, apellidos, nacionalidad y físico.

Cada vez que algún profesor pasaba lista, aquello era un infierno. Siempre había murmullos y risitas.

Llegaron a avergonzarme hasta tal punto que sentí asco de mi nacionalidad, de mi nombre y de mí en general.

Cuando tenía once años, mi madre pasó por una fase en la que quería reivindicar su personalidad adoptando estilos llamativos, así que se pintó el pelo de verde.

A partir de ese momento, en el colegio empezaron a llamarme «Pelomoco», un mote que no me importó tanto, hasta que se puso de moda pegarme mocos en el pelo.

Todo el que se cruzaba conmigo y me pillaba despistada, me pegaba mocos en la melena.

Llegué a tener tantos mocos que dejé de limpiarlos durante las horas de clase. Cada tarde, cuando llegaba a casa, mi madre se pasaba una hora revisándome el pelo y quitándome la porquería.

Al final... me rapé.

Un día, en cuarto de la ESO, mi bully escribió una carta al colegio solicitando que me expulsasen de la escuela.

No la rubricó como autora, pero todos mis compañeros —ella incluida— firmaron el escrito, dando su apoyo a la petición.

La dejaron sobre la mesa de la tutora.

La maestra llegó y la leyó en alto —porque no sabía cuál era su contenido—. Fue la primera vez que oí en qué consistía la solicitud.

Ella preguntó enfadada a toda la clase quién había escrito aquella carta. En público, lo que lo hizo más humillante para mí.

Lloré durante días desconsolada.

Desde aquel gesto, cada mañana quería morirme antes que ir a clase otra vez.

En mi caso, mi bully estaba dentro de mi grupo de amigas, y era desmoralizador comprobar cómo el resto se reía del acoso y no hacía nada por evitarlo.

Cuando ella no estaba, mis amigas me apoyaban. Cuando aparecía, jaleaban y se carcajeaban ante sus ataques.

Tardé en comprender que aquellas no eran mis amigas.

Mi bully llegó a decirme que me arrodillara cada vez que quisiera pedirle un favor.

Lo hice más de una vez.

Fui víctima durante, al menos, cuatro años.

Me llamaban «cerda» porque era gorda.

Un día me hicieron caer por las escaleras.

A los doce años, me volví bulímica, y estuve así hasta los dieciséis.

Me empujaba. Me tiraba el estuche a la basura cuando el profesor salía de clase. Me insultaba. Cuando hablaba, me decía que me callara, que yo no era nadie para compartir mis opiniones —ni para hablar, en general.

Educación física era un infierno...

Resulta que yo le gustaba.

Una vez, en Educación física, una chica me bajó los pantalones para obtener la aprobación de mis acosadoras.

Incluso la gente de otros cursos sabía que debía de ser una paria.

El acoso se extendía hasta mi hermano pequeño.

Llegué a bachillerato con grandes problemas de autoestima.

☞

Pasé muchas veces por el hospital. Dormí en todas las camas de pediatría porque «me dolía la barriga mucho» y eso hacía que me ingresaran.

Era miedo.

☞

En quinto de primaria yo ya mostraba una conducta «demasiado femenina» para ser un chico.

Me llamaban «maricón».

Uno de mis bullies, el que más me atacaba, era mi peor pesadilla. No desaprovechaba la oportunidad de insultarme cada vez que se le cruzaba la ocasión.

Un día, tras una reestructuración de los equipos en clase, mi profesor me hizo sentarme con él: quería que nos llevásemos mejor y «aprendiésemos a convivir».

Durante la primera hora, mi bully ni me miró, visiblemente incómodo. Pensé que se debía al enorme asco que sentía hacia mí.

Entonces metió la mano bajo mi pupitre y empezó a sobarme los genitales.

Reaccioné rápido y me levanté, pero él estaba preparado e hizo lo mismo mientras gritaba: «¡Que no me toques, maricón!».

El escarnio fue terrible.

Aquello se repitió tres veces más a lo largo de la semana, hasta que me di cuenta de que, cuanto más tiempo me dejaba tocar, más tarde me acusaba.

Comprendí lo que tenía que hacer: cerrar la boca y dejarle hacer.

Desde que me sometí a sus toqueteos, las acusaciones acabaron. Todos los días me tocaba bajo la mesa, pero, al no impedírselo, no volvió a burlarse. Incluso dejó de insultarme.

Estuve un mes siendo su juguete favorito, hasta que el profesor volvió a reestructurar las parejas.

☙

Era un grupo de dieciséis personas: tres cabecillas y el resto, ayudantes observadores.

Cuando venían a por mí, silbaban la canción de *The Terminator*, como aviso de la paliza que se avecinaba y de la que debía huir —para poder empezar la caza.

Sigo siendo incapaz de escuchar esa canción sin entrar en pánico.

☙

Gracias al magnífico trabajo de mis padres en mi autoestima, pude superarlo sin grandes heridas.

Qué importante es el trabajo familiar constante.

Mi madre siempre me decía: «Pobrecito, seguro que no tiene quien le quiera y por eso necesita hacer daño a los demás».

☙

Mi hermano pequeño murió y pronto circuló el rumor de que «mis padres lo habían matado para no tener que soportar a otro monstruo como yo».

Se hizo eco toda la escuela de primaria.

Yo no solo tuve que lidiar con el duelo y prescindir del apoyo de compañeros: , además me acosaron y me recordaron cada día mi pérdida, utilizándola como insulto.

Llegué a creer que el rumor era verdad y que, de alguna forma, yo era la culpable.

Mi acoso empezó en clase porque un vecino contó que mi padre se había intentado suicidar. Me convertí en la «hija del loco»: me insultaban y empujaban contra la valla, dejándome marcas. Se reían de mí y llegaron a exigirme dinero.

Una compañera dijo un día, en clase, que yo debía hacer lo que mi padre no había tenido las agallas de terminar, y quitarme de en medio de una vez.

Casi le hago caso aquella tarde.

Sufrí bullying durante casi toda mi vida escolar.

Lloré muchísimo, pedí mil veces ayuda y nadie hizo realmente nada.

Comencé a ir al colegio con unas tijeras pequeñas en el bolsillo «para protegerme».

Un día estuve a punto de apuñalar a mis acosadores hasta la muerte.

Hace ya muchos años fui a ver al chico al que acosé y le pedí disculpas. Lloramos y me dio un abrazo que me liberó de muchos fantasmas.

Espero que a él le sirviera. O, mejor, que no le sirviera porque no lo necesitase, que no hubiese quedado nada de mí en él.

Todos los días había una trampa en mi puesto; si no era una chincheta en mi asiento, era un escupitajo en mi mesa o un chicle en el respaldo.

Llegué a comportarme como los escoltas que revisan el coche de su protegido antes de dejarlo subir. Empleaba cinco minutos para revisar el puesto, cada vez que me levantaba y antes de volver a ocuparlo.

✍

Los niños de mi clase tenían un curioso juego que llamaban «el tiro al blanco»: me lanzaban chicles mascados mientras yo huía por todo el patio.

Algunos caían en mi pelo.

✍

En cuarto de la ESO, un chico dijo de mí que le había hecho una felación.

Era mentira, pero el rumor corrió rápido.

Alguien de tercero decidió que sería divertido hacer un montaje con mi cara y ponerle una salchicha asomando de mi boca.

En menos de diez minutos, toda la escuela lo había compartido por Instagram.

Me etiquetaron en la foto y tuve que ver cómo se reían sin descanso en los comentarios.

Llegué a sufrir ataques de ansiedad cada vez que escuchaba el sonido de notificación de un móvil.

✍

Me hicieron una foto en mi clase de Formación Profesional sin mi consentimiento.

Era una imagen horrible, sacada a escondidas mientras hablaba. El gesto capturado era feísimo, e incluso me salía un ojo ligeramente desviado.

Se compartió por el grupo de WhatsApp y uno de mis compañeros consideró gracioso descargarla, editarla y volverla a subir, esta vez con un pene dibujado frente a mis labios.

Yo soy homosexual, pero nadie lo sabe. Lo escondo porque mi familia me asesinaría de descubrirlo.

Cuando vi aquella imagen, me desmayé.

☞

Mi hijo es un niño trans: nació siendo una niña.

En su clase de segundo de la ESO nadie lo sabía, salvo el tutor.

Un compañero de mi niño lo descubrió al visitar por casualidad su colegio anterior y ver una foto de la orla de su antigua clase.

Sin pensárselo, capturó la imagen con su móvil y la distribuyó por el grupo de WhatsApp del colegio, bajo el texto: «¿A que no sabéis quién era antes una niña?».

En un instante, la identidad que habíamos construido con años de esfuerzo se derrumbó.

Mi hijo no soportó la presión social, el acoso subsiguiente y la idea de cambiar de colegio para empezar de nuevo.

Intentó suicidarse.

Hoy vive feliz, pero no ha sido capaz de escribir este testimonio de su puño y letra y me ha pedido a mí que cuente su historia.

5

Consejos de reacción

La falta de experiencias anteriores, la escasez de documentación al respecto, la complejidad de la laberíntica burocracia de las administraciones, la sensación de indefensión, la rabia ante el dolor de nuestros hijos, las malas ideas que, en el momento, parecen tan buenas... Existe un sinfín de complicaciones que dificultan la correcta reacción de los padres de un niño acosado.

Aquí se ofrecen 111 ideas:

1. Nunca minimices o normalices la situación con frases como: «Son cosas de críos». Sé consciente de que esto puede tener consecuencias y secuelas muy graves para tu hijo —los hay que no sobreviven.
2. La política «lo mejor que podemos hacer es no hacer nada» jamás funcionó en un caso de acoso escolar.
3. Nunca responsabilices a tu hijo de su situación de acoso. No es el responsable. Los expertos nos recuerdan una y otra vez que, para ser escogido como diana, «bastaría con ser elegido por alguien dispuesto a abusar de su fuerza sin que el entorno interviniera para prevenir o detener dicha situación».[21] Pero, incluso si no estás de

21. Sánchez Tallafigo, C. (coord.), *et al.*, *Guía de actuación contra el acoso escolar en los centros educativos, op. cit.*

acuerdo con esta premisa, incluso si crees que tiene conductas o rasgos que «fomenten» que lo acosen —ninguno de esos pormenores debería parecerte una justificación suficiente para algo tan reprochable—, nunca le digas que su martirio se debe a esto y que solo tendría que adaptar, disimular o eliminar esas diferencias que «inspiran su acoso». En un caso de bullying, el que tiene un serio desequilibrio que solucionar es aquel que realiza el acoso, no el que lo recibe. Esto abarca casos extremos, como cuando la víctima es una persona con una conducta realmente molesta y disruptiva para sus compañeros —por ejemplo, la que muestra una persona con un grave trastorno de hiperactividad—, puesto que al fin y al cabo es su bully el que decide comenzar su persecución basándose en ella. Ese sujeto, el agresor, es el responsable del bullying. No su víctima.

4. No propongas a tu hijo que cambie los aspectos por los que el bully dice acosarlo: son una excusa. Si dejasen de existir, simplemente se buscaría otro pretexto.

5. No propongas a tu hijo que cambie los aspectos por los que el bully dice acosarlo. Estarías dándole la razón a su acosador, sugiriéndole a tu hijo que debe transigir y plegarse al criterio de un matón. Debe aceptarse a sí mismo como es, no agradar a los demás.

6. No propongas a tu hijo que cambie los aspectos por los que el bully dice acosarlo. Probablemente ya lo haya intentado de mil de formas —sin éxito—. Lo frustrarás más y le harás sentir que él es el causante de su agonía.

7. No propongas a tu hijo que cambie los aspectos por los que el bully dice acosarlo. Suelen llegar a ser cosas imposibles de modificar, como la altura, la voz o la nacionalidad.

8. Si conoces la situación de acoso de tu hijo, pero él no te la ha confesado, cuéntale que estás al corriente y que no

está solo en su dolor. Es importante que sepa que estás a su lado. Si te lo niega, no insistas. No se lo estás diciendo para que te lo reconozca, sino para que sepa que la ayuda, la quiera o no, está en camino.

9. Si te lo niega, dile que no es importante que lo reconozca, que lo sabes y que, mientras pienses así, vas a intentar ayudarlo. No te enfades por el hecho de que te mienta. Su disimulo solo es un mecanismo de autoprotección para evitar desencadenar la contingencia del chivato.

10. Es muy importante tener empatía con tu hijo. No obstante, el abanico de experiencias, ideas y pensamientos que sufre una víctima de acoso es tan variado y desconocido que a la mayoría de los padres les resulta imposible concebir el estado del acosado. Para facilitar su comprensión, lo mejor es tener en cuenta lo recogido en esta obra sobre pensamientos y testimonios de supervivientes. Es una lectura dura y opresiva, pero útil para conseguir ponerse en el lugar de una víctima.

11. La comprensión es uno de los grandes pilares de este compendio de propuestas. Transige, asume y entiende —por complicado que te parezca— todo cuanto haya hecho la víctima desde que comenzó su acoso. Debes afrontarlo desde la siguiente perspectiva: no está tomando las decisiones por voluntad propia, sino instigado por un miedo atroz y la paranoia del perseguido. No es la ética y los valores de la persona que has criado los que dictan sus actos, sino su temor. Que se sienta comprendido. Cuanta más comprensión le demuestres, más se comunicará contigo sin miedo a tus reacciones.

12. Cuando te empiece a contar su agonía, es muy importante controlar tu estado de ánimo. Empatía y com-

prensión. No muestres —ni, a ser posible, padezcas—
ningún sentimiento negativo o potencialmente negativo.

13. Si se ha equivocado en algo o ha tomado malas decisiones, es mucho más apropiado utilizar fórmulas positivas como: «Habría sido mejor afrontarlo de la siguiente
manera...» que recurrir a las más coloquiales, del estilo:
«¿Cómo se te ocurre? ¡¿Tú eres tonto?!». —¡cuidado
con las introyecciones!—. Al afrontar sus equivocacio-
nes, no le hables de errores y aciertos, sino de alternativas «más acertadas».

14. Cuando te cuente las humillaciones que sufre, no
muestres enfado. Pero no solo hacia tu hijo y sus reacciones —que pueden parecerte equivocadas—, tampoco hacia su bully, hacia los observadores o hacia el colegio. Lo mejor es que dispongas de suficiente control
sobre tus emociones como para no llegar a experimentar esos sentimientos ante tu hijo, pero, si no puedes
evitar estar disgustado..., reprímelo y desahógate con
otras personas y en otro momento en el que tu hijo no
esté delante. Si cuando te hable, te alteras o lloras, de-
jará de hablarte. Así de simple. Necesitamos fomentar
que se comunique contigo, no dificultarlo.

15. Aunque, en ese momento, su acosador sea para ti la persona que más odies en el mundo —sentimiento comprensible pero equivocado—, no fomentes el odio contra él
delante de tu hijo. El rencor hará más daño psicológico en
su víctima, y esta ya tiene suficientes razones para odiarlo
sin tu colaboración. No lo insultes, no lo culpes, no
muestres rabia o frustración..., al menos no delante de tu
hijo.

16. Tu hijo debe sentir que comprendes la profundidad de
su dolor, pero no debes caer en la compasión exagerada

ni en la sobreprotección. Hacerlo fomentaría su auto-compasión. Esa tendencia lo aislará más de la sociedad. Recuerda: el bully lo quiere solo. Si tu hijo se autocompadece en exceso, se volverá tóxico y la gente comenzará a alejarse de él —incluso sin la intervención o la influencia del matón—. Esa es una victoria que no podemos concederle a su agresor.

17. Debes fomentar la confianza que siente tu hijo sobre tu criterio a la hora de protegerlo y sacarlo del hoyo. No lo mantengas al margen de las medidas que vayas a tomar. Infórmalo de que no tomarás ninguna decisión sin su conocimiento y su consentimiento. De esta forma, te contará mucho más, creyendo que tiene control suficiente para evitar que desencadenes la contingencia del chivato.

18. Jamás le digas que «se defienda» y permitas que crea que lo incentivas para que agreda a su bully. Nunca, jamás, la violencia no arreglará nada. Si intentase defenderse a golpes, con muchísima suerte podría resultar que tu hijo dejase de ser una víctima. Pero el acoso escolar no habría desaparecido, solo habría cambiado de acosado. El bullying hay que arreglarlo, no parchearlo.

19. Jamás le digas que «se defienda» y permitas que crea que lo incentivas para que agreda a su bully. Si lo hace, existen muchas probabilidades de que el acosador recrudezca el acoso y se encone.

20. A la hora de notificar y denunciar, el camino es el siguiente: tutor, jefe de estudios, director, Inspección Educativa, Consejería, Policía Nacional y Fiscalía de Menores. Esa es la ruta correcta. Cada vez que una entidad se muestre ineficaz, acude a la siguiente. No creas que te has quedado en un callejón sin salida. Si el acoso ya ha llegado a la violencia física, puedes notificar y

denunciar ante la policía a la vez que empiezas los trámites con el tutor, pero, en general, con una denuncia de por medio... se complica la posibilidad de llegar a una solución pacífica contando con la colaboración de la familia del agresor.

21. Si crees haber agotado todas las opciones administrativas y estás totalmente seguro de que te encuentras en una situación desesperada, existe un último paso en el camino de denuncia: tutor, jefe de estudios, director, Inspección Educativa, Consejería, Policía Nacional, Fiscalía de Menores y... la opinión pública.

22. Si tu caso es convenientemente divulgado en los medios y/o difundido de forma masiva por las redes sociales —con mucho cuidado y asesoramiento, para no acabar cometiendo una ilegalidad al publicar datos protegidos—, ocurrirá que las entidades del camino de la denuncia —tutor, jefe de estudios, director, Inspección Educativa, Consejería, Policía Nacional y Fiscalía de Menores— mostrarán un mayor interés por ser diligentes y resolutorios en su actuación. Eso sí, tras esto no esperes simpatías por su parte. Mayor profesionalidad puede ser. Pero simpatías, no.

23. Solicita, desde tu primera notificación —al tutor—, que se active el Protocolo de Actuación Contra el Acoso Escolar del centro y que se te asesore por parte del departamento de orientación.

24. Este manual no pretende culpabilizar a las escuelas, pero es constatable la cantidad de testimonios de supervivientes que aseguran haberse sentido desamparados por las instituciones. Si crees que la escuela es permisiva con el problema o que intenta lavarse las manos y no responsabilizarse, notifica por escrito tu petición de activación del protocolo —bastará un e-mail, pero te recomiendo

darle curso en el propio centro mediante registro de entrada, es decir, que te sellen en secretaría una copia como recibida—, incluso si lo has solicitado en persona previamente. En los casos más negligentes en los que se nieguen —no pueden negarse, pero hay centros que lo hacen—, haz uso del burofax. Un tipo de notificación que gestiona tu entidad de correos y que genera una certificación de recepción con garantías. Será una prueba indiscutible ante la ley de que pediste la activación.

25. Si el colegio te dice que no tiene un PACAE, ya puedes exigirles explicaciones y soluciones —que no esté tu hijo presente y percibiendo esas sensaciones negativas—. En España es obligatorio que los centros contemplen esta medida, y puedes hacer que el colegio tenga que rendir cuentas ante la ley. O, casi peor, ante la opinión pública.

26. Si, aunque no te lo digan, crees que la escuela carece de protocolo, pide una copia del plan de acción. Puedes pedirla por escrito —igual que la activación—, para demostrar en el futuro que lo hiciste.

27. Deja claro que vas a hacer un seguimiento de los pasos del plan de acción —es la mejor forma de asegurarte su cumplimiento—. Dependiendo de tu relación con el colegio, de la diligencia de su personal y del nivel de presión con el que quieras incentivarlos, puedes hacerles saber que eres consciente de que el incumplimiento del plan de acción puede conllevar serias consecuencias para ellos. Repito: creo que, en la mayoría de los casos, nuestras escuelas cuentan con excelentes profesionales y este tipo de medidas no serán necesarias.

28. Siempre ocurre que hay un momento en el que los alumnos implicados, sus padres y/o algunos miembros de los equipos directivos insinúan que el mayor de los respon-

sables de tu caso de acoso escolar... es el profesor del aula. No permitas que se simplifique así. Es responsabilidad de los niños su comportamiento, de los padres su educación y de los superiores proporcionar recursos y medios. No eximas al profesor por defecto, pero tampoco permitas que se le asigne toda la responsabilidad.

29. Importante: las familias y las escuelas son un equipo. Viajan en un único bote y deben remar en la misma dirección. Todos los integrantes deben buscar lo mejor para tu hijo. Si eso no es así, no lo parece o surgen discrepancias, recuerda y recuérdales esta perspectiva.

30. Dota a tu hijo de herramientas con las que enfrentarse a su acoso escolar —por favor, no debe confundirse esta frase con «enseñarlo a pelear».

31. El mayor escudo antibullying es la autoestima. Foméntala en tu hijo y enséñale a protegerla. El acoso escolar está constituido por el conjunto de ataques que realiza uno o varios matones, y que persiguen hundir la autoestima de tu hijo. Ni más ni menos. Si el bully no lo consigue, desistirá. Aunque no lo creas, es así de simple.

32. Hay muchas maneras de aumentar la autoestima de tu hijo: felicítalo en público cuando merezca un reconocimiento, llámale la atención en privado cuando merezca un apercibimiento. Las felicitaciones en privado no causan mucho efecto positivo, y las amonestaciones en público causan muchísimo efecto negativo. Cuidado con tus arranques.

33. Cuando haga algo bien, sé generoso con los halagos.

34. Las críticas deben ser siempre constructivas y positivas. Aunque el mensaje es el mismo, el impacto de las frases «suspendiste con un 4,9» y «casi apruebas, a falta de 0,1» es diferente.

35. Recuerda que la pérdida de logros académicos es parte de las consecuencias de ser víctima de bullying. No lo machaques por ello, pues mermarás más su autoestima y es justo lo contrario a lo que necesitas.

36. Pide su opinión a menudo, así lo harás saberse importante y necesario.

37. Fomenta la realización de actividades al margen del entorno escolar. Proponle actividades que promocionen sus fortalezas e intereses. Así mejorarás su autoestima.

38. Su acosador lo quiere solo entre iguales. Tu hijo llegará a pensar que está solo entre iguales. Tu hijo creerá que es mejor y más seguro estar solo. Debes impedir que esto ocurra. Para ello intenta fomentar situaciones en las que tenga trato con gente y que genere relaciones de amistad. El suicidio infantojuvenil asociado al bullying se debe a la peligrosísima sensación de soledad entre iguales. No la permitas.

39. Si tu hijo tiene un grupo de amigos, habrás solucionado un tercio del problema. Si tiene un grupo de amigos en el entorno escolar, habrás solucionado dos buenos tercios del problema. Recuerda: el grupo da la fuerza —social—. Tu hijo la necesita.

40. Tu hijo va a crear un «lugar seguro» para aislarse del dolor. Es un lugar metafórico, pero puede llegar a ser físico. Lo mejor es que no llegue a ocurrir este extremo, pero, si no puedes evitarlo, consigue al menos estar dentro de su «búnker», formar parte de su santuario.

41. Ese búnker está hecho de modo que, en su interior, no tenga que soportar conductas violentas —ya tiene que aguantar suficientes fuera de él como para llevárselas consigo a su refugio—. Si muestras conductas violentas en su presencia, te quedarás fuera del búnker.

42. Conductas violentas que debes evitar: por supuesto, la violencia física. Lo daba por descartado, claro, pero... por si eres de los que piensan que «un bofetón a tiempo cura muchos males» —no te voy a juzgar—, mejor déjalo para cuando tu hijo supere su mal trago.

43. Conductas violentas que debes evitar: si tiene hermanos, cuidado con las peleas que llegan a las manos —incluso las iniciadas por la víctima—. Hay que ser halcones, siempre al acecho, y evitarlas más que nunca. Ya hay suficientes golpes —metafóricos o no— fuera de casa.

44. Conductas violentas que debes evitar: si tienes problemas con tu pareja, pero convive en la casa, acuerda con él o ella dejarlos aparcados delante de tu hijo. Nada de discusiones, de reproches, de trato pasivo-agresivo, de ignorarse... El búnker debe ser un refugio de positividad. Sois adultos y ahora la prioridad es el bienestar del niño.

45. Lamento ser insistente y rudo con esto, pero si crees que mis indicaciones son severas y exigentes, recuerda el capítulo sobre cómo se siente una víctima de bullying y ten presente el siguiente dato escalofriante: hay un preocupante porcentaje de víctimas de bullying que se suicidan. ¿A que ahora discutir por quién se dejó la nevera abierta no parece tan importante?

46. Conductas violentas que debes evitar: cuidado con las ideologías. ¿Eres una persona que odia un partido político? ¿Odias una raza? ¿Odias a un presidente? ¿Odias un equipo de fútbol? ¿Odias las ideologías contrarias a la tuya? No voy a expresar mi opinión y no voy a juzgarte, porque este libro no trata sobre ese asunto. Odia cuanto quieras... ¡pero no delante de tu hijo! ¡No ahora que sufre por odio! No le transmitas una idea si esta implica violencia u odio, así de simple. Algunos padres sienten la necesidad de «educar» a sus hijos a toda costa bajo sus convicciones, sin importar lo poco transigentes que estas sean. Como este párrafo no pretende hablar de modelos de educación, no profundizaré en lo perjudicial que puede llegar a ser, para un niño o para un adolescente, esa elección «pedagógica», ni en por qué muchos la llamarían adoctrinamiento. Me retiro de ese debate, pero sí que te insto a que abandones esas prácticas en su presencia mientras tu hijo sea víctima de bullying, y a que te niegues a su participación en conversaciones relacionadas con esos asuntos. Por el bien del niño. «La culpa de todo la tiene el idiota de Trump», «Las feminazis nos comen por los pies», «Machete al machote», «Los progres son estúpidos», «El único facha bueno es el facha muerto», «¡Pero pasa el balón, gilipollas!», «Ese es maricón»... Tú mismo con tus ideas, pero no las compartas delante de la víctima. Al menos, respeta el no sumergirlo en más animadversión de la que ya padece —incluso en aquella que consideres «buena»— hasta que sobreviva a todo el odio dirigido contra él.

47. Al igual que en el consejo anterior, te pido que reflexiones sobre tu manera de comunicarte. Hay personas que utilizan mucho las exageraciones y las metáforas de corte violento en conversaciones coloquiales. Es de suponer que todo oyente entiende que es una forma más de expresarse —puede que un tanto arrogante—, pero los niños son niños. Tal vez ellos no entiendan esas sutilezas. Ellos ven violencia en ese tipo de comentarios. Verbal —que en ocasiones describen acciones de violencia física—, pero violencia, al fin y al cabo. Elimínalas de tu vocabulario, al menos, temporalmente. ¿Eres una madre de esas que dicen «como yo me entere de que

hace eso lo mato»? ¿Eres un padre de los que, para advertir de que algo tendrá consecuencias —incluso cuando estas no serían físicas— utiliza frases como «le doy un guantazo que está pitándole el oído una semana»? De nuevo, no juzgaré tu forma de expresarte. Solo te diré que no es momento de transmitir violencia frente a tu hijo, ni siquiera aunque creas que él sabe que «no es más que un modo de hablar».

48. No enseñes —o hagas que enseñen— al niño a pelear de manera que lo asocie con una indicación para que sea su respuesta ante el bullying. No lo apuntes a un gimnasio de artes marciales para que «le dé lo suyo» a su agresor. Esa es una muy mala decisión: estás validando las prácticas de su bully al transmitirle a la víctima que debe resolver sus problemas con los puños.

49. No obstante, practicar un arte marcial es una buena actividad que reporta muchas ventajas frente al bullying: da seguridad, aumenta su autoestima, genera compañeros... Pero debes dejarle claro que no lo apuntas para que responda a su agresor con las manos.

50. En esta obra se desaconseja la respuesta violenta —incluso la proporcional— ante el acosador dentro del centro. En el colegio, deben reaccionar y proteger las autoridades escolares, no las patadas. Pero sí que hay un caso en el que está justificada la autodefensa: si una agresión pone en riesgo la integridad física del niño, debe contar con herramientas con las que poder detener el daño a tiempo. Este tipo de respuesta no soluciona el acoso escolar, pero, al menos, impedirá —en un momento de urgencia— que le partan un brazo. Eso sí..., debe quedar claro que la filosofía no es «te enseño a pelear para que te defiendas de una colleja», ni «para que te defiendas si se ríen de ti». Tampoco «para que te

defiendas si te miran mal». Es solo para casos en los que haya riesgo de lesión grave por un ataque físico. Eso hay que dejarlo claro desde el principio, porque el uso de la violencia como respuesta ante el bullying siempre trae consecuencias negativas.

51. Debes dejar claro a tu hijo que tu amor es incondicional. Da igual cómo sea o lo que haga —si se porta mal, obviamente habrá consecuencias, pero no «dejarás de quererlo»—. Nunca juegues con frases del estilo: «Ya no te quiero» cuando se porte mal. Lo quieres siempre, incluso cuando te enfade. Y debe tenerlo presente.

52. ¡Cuidado! Las víctimas de bullying experimentan cambios de humor y accesos de irritabilidad injustificada. Mano izquierda con eso, hay que comprenderlo.

53. Autoritarismo no. Límites sí. ¿La diferencia? Autoritarismo es decir «no». Límites es decir «no, porque...» y justificar la negativa. Si eres de los que no ofrecen explicaciones habitualmente y espera de su hijo que obedezca sin más, no te lo voy a discutir. Pero sí que te aconsejo que abandones ese método mientras el niño sea víctima de acoso. Ahora toca justificarle tus decisiones.

54. Dedícale tiempo. Sé que parece una obviedad y también que no todo el mundo puede permitírselo por su ritmo de vida. Sé que puede parecer que él mismo no quiera estar contigo. Pero... dedícale tiempo. Lo necesita. Busca excusas que os haga pasar tiempo juntos.

55. Fomenta que se comunique contigo y que te cuente no solo lo que está pasando —que no sea monotemático y autocompasivo con su acoso—, sino otros asuntos. La comunicación es muy importante para reducir el aislamiento.

56. Dale mucho apoyo emocional: que se sienta valorado, seguro, comprendido y estimado. Que sienta confianza. Si necesita llorar, que llore. Si necesita gritar, que grite.

57. Debe saber que estás seriamente comprometido con la meta de acabar con su acoso escolar. Debe ser consciente de que vas a trabajar en ello. Da igual las incomodidades que conlleve o el tiempo y la energía que te consuma..., lucharás por liberarlo.

58. La mejor forma de dejarle claro que vas a actuar y de que, a la vez, sea un trabajo conjunto que tenga en cuenta su criterio —contemplando su consentimiento— es discurrir un plan juntos. Sentaos, tomad lápiz y papel y cread una agenda de acciones y un banco de ideas.

59. Pregúntale qué ha hecho para salir de su situación de acoso, qué ha hecho en los momentos de agresión, cómo ha reaccionado, qué efectos ha provocado, qué ha funcionado, qué no..., que normalice contártelo todo. Recuerda: no te enfades —delante de él— cuando escuches de su boca las diversas humillaciones a las que ha sido sometido. Tampoco cuando te cuente que ha actuado de una manera inadecuada.

60. Pregúntale a quién le ha contado su caso y cómo ha reaccionado esa persona.

61. Nunca hagas nada al respecto de su acoso sin consensuarlo antes con él o perderás su confianza.

62. ¿Qué tal hacer un diario juntos sobre su caso? No solo ayuda a ver la progresión, sino a tratar el tema desde un punto de vista proactivo.

63. Guarda todas las pruebas. Te sorprendería la cantidad de casos que llegan a manos de los peritos y en los que los padres —indignados— han borrado las amenazas del WhatsApp, bloqueado a los contactos, destruido el móvil... Son evidencias desagradables, pero debes recoger las pruebas.

64. Si el diario es digital, podéis adjuntar los correos, las fotos, los audios y las capturas de las pruebas. Lo vas a necesitar más adelante.

65. Nunca digas a tu hijo que su acoso debe resolverlo él. Nunca.

66. Nunca digas eso de: «Tú no seas bobo. Si te pegan, defiéndete». Eso suena, se entiende y es —en muchos casos— una invitación paterna a responder con otro golpe.

67. Ayúdale a entender cuáles son sus propios límites, qué es lo que está dispuesto a permitir de los demás y qué no.

68. Ayúdale a expresarse —sin perder la calma— cuando otro esté sobrepasando sus límites. Debe saber plantarse, pero con asertividad.

69. Y ahora viene lo que todo el mundo que ha adquirido el libro estaba esperando: ¿cómo plantarse ante una agresión sin generar otra mayor? Es más sencillo de enunciar que de conseguir, pero la idea es muy básica: La víctima debe alcanzar total control sobre su reacción.

70. Hay que enseñar al acosado la siguiente máxima a la hora de tratar con el bully: «Ni triste, ni tenso, ni hiriente: tranquilo e indiferente».

71. La mayoría de los actos de acoso escolar pasan por una fase de violencia epistémica y verbal. Incluso cuando el bully ha planeado una agresión física, es habitual que comience por un preludio basado en palabras —que luego será utilizado por el perpetrador como excusa o provocación.

72. La manera de encarar este tipo de preludios puede hacer que las acciones del bully continúen *in crescendo*. Pero también se puede afrontar de forma que el acosador desista por voluntad propia.

73. Tenemos que recordar que el bully pretende hundir la autoestima del acosado —con el objetivo de ubicarla por debajo de la suya, que se encuentra afectada por

causas ajenas a su víctima—. Así que es importante tener en cuenta cómo no responder, cómo evitar agravar la situación de ambos implicados. El bullying es la forma en la que un agresor —con baja autoestima intrínseca— pretende hundir la autoestima de la víctima.

74. Las respuestas de un niño —ante un insulto— suelen ser tristes, tensas o hirientes. Analicemos cada estilo y lo que provoca en la relación perpetrador-víctima establecida por el acoso escolar.

75. Reacción triste: el insulto afecta a la víctima y esta se muestra dolida. Puede que pida que pare, pero eso no ocurrirá. Si la hiere —y lo demuestra—, es porque ha dañado su autoestima. Recuerda que el bullying es la forma en la que un agresor —con baja autoestima intrínseca— pretende hundir la autoestima de la víctima. Si obtiene una respuesta apenada, se debe a que ha conseguido su objetivo. En adelante, no parará de emplear el mismo método.

76. Reacción tensa: el insulto ha molestado a la víctima, que reacciona enfadado. Puede que se ponga muy nervioso o que incluso responda con otro insulto. Puede que exija que lo dejen tranquilo o que huya del lugar. Aquí el problema radica en que, si algo genera una reacción semejante, los observadores se plantearán qué habrá de cierto en el insulto para causar semejante efecto. El bully creerá —y puede que con razón— que, al afectar tanto a la imagen pública de su acosado, este habrá sufrido un serio golpe en su autoestima. Recuerda que el bullying es la forma en la que un agresor —con baja autoestima intrínseca— pretende hundir la autoestima de la víctima. Si obtiene una respuesta tensa, pensará que ha conseguido su objetivo. En adelante, no parará de emplear el mismo método.

77. Reacción hiriente: la víctima no solo responde al insulto, sino que maneja el conflicto de una manera más agresiva que el acosador. Entra en el «juego de poder», plantando cara y dejando en evidencia al bully. Tras esto, puede que el agresor desista en su persecución y se limite a buscar un objetivo más sencillo, puede que busque una posición de mayor poder —más fuerza, mayor grupo y/o mejor arma— contra el mismo sujeto o puede incluso que los papeles bully/bullied se intercambien tras la muestra de superioridad del objetivo. Recuerda que el bullying es la forma en la que un agresor —con baja autoestima intrínseca— pretende hundir la autoestima de la víctima. Si obtiene una respuesta hiriente y dañamos más su autoestima, los verdaderos motivos de sus ataques habrán empeorado. Puede que la víctima original deje de serlo, pero el problema del bullying no se habrá resuelto, solo se habrá transformado.

78. Recuerda: «Ni triste, ni tenso, ni hiriente: tranquilo e indiferente». La tranquilidad y la indiferencia son la clave. ¿Cómo ponerlas en práctica? La tranquilidad y la indiferencia no solo hay que mostrarlas, también hay que sentirlas. Tenemos que hacer ver al niño que, si se muestra tranquilo e indiferente ante los insultos, ni los observadores se los tomarán en serio ni el bully encontrará un incentivo para perseverar. Se cansará y desistirá.

79. La forma más sencilla para que un insulto no le afecte es tener claro que, el hecho de que alguien lo enuncie, ni lo hace verdad, ni genera esa opinión en los demás. Es nuestra reacción ante la burla la que produce ese efecto —si es triste, tenso e hiriente— o no —tranquilo e indiferente.

80. Comportarte ante un insulto como si no te afectase —es más, como si apreciases a quien te lo dedica— es todo un arte que hay que aprender a manejar. No es un

«¡A mí no me importa lo que tú digas!» —esa frase, de por sí, suele significar todo lo contrario—. No hay que responder ignorando o fingiendo no verlo. Hay que ser estoico y amigable.

81. Me gustaría aclarar que esta idea es una adaptación al español —y con ciertos cambios— de las enseñanzas del gurú sobre el acoso escolar Brooks Gibbs. Él enuncia que existe una «regla de oro»: trata con amor al que te trate con odio. Pero no es una cuestión altruista de superioridad espiritual, digna de Mahatma Gandhi. Se trata de pura supervivencia personal: la animadversión en la víctima atrae e incentiva a los bullies como la sangre a los tiburones, mientras que la simpatía los desarma y los hace sentirse ridículos si persisten en su empeño. Sobre todo ante los espectadores.

82. La frase de Brooks Gibbs: «Don't get sad, don't get mad» ha sido adecuada a nuestro contexto como: «Ni triste, ni tenso, ni hiriente: tranquilo e indiferente».

83. Los expertos proponen hacer juegos de rol con el alumnado para practicar las diferentes formas de reaccionar, observando sus efectos en el papel del agresor, para que los niños se acostumbren a saber responder de manera calmada.

84. Lo que viene a continuación va a suceder tarde o temprano. En un cruce de pasillos, en una reunión informativa para padres... De hecho, si se ha activado el PACAE, dependiendo de tu comunidad autónoma, es bastante probable que ocurra. Situación clave: el momento de encararte con los padres del agresor. Cuidado: es bastante lógico que los responsabilices del sufrimiento de tu hijo. No te lo voy a discutir, pero sí que te aconsejaré que no lo hagas visible y que los trates como a compañeros de equipo a la hora de solucionarlo.

85. Debes entender que ningún padre quiere —y no todos pueden— reconocer que su hijo es un acosador escolar. Por experiencia y estadística, puedo prever que, en primera instancia, con frecuencia lo negarán o lo minimizarán —incumpliendo muchas de las conductas que te he propuesto evitar en este hilo.

86. Esta situación pondrá en juego tu paciencia. No solo han educado a un maltratador. No solo son responsables directos del dolor y la humillación de tu hijo. Además, ¿escurren el bulto y cuestionan tu o su credibilidad?

87. Ve preparado para esto y no pierdas los nervios. Sé paciente, reflexivo, asertivo, comprensivo e impasible porque, mientras esa reunión tiene lugar, tú estás consiguiendo justo aquello que perseguías con el encuentro. No os reunís para que ellos te den la razón, para que reconozcan la agresión de su hijo o para «ganar» la discusión —sea cual sea la percepción que te surja en ese momento de lo que sería una victoria—. Es para que ellos sepan lo que está ocurriendo —lo crean o no— y estén avisados de que el protocolo está en marcha. Ese es el único objetivo. Con el hecho de sentarlos ante ti —frente a las autoridades escolares— e informarlos ya has triunfado.

88. Ensaya la reunión antes de asistir. Si no eres capaz, evita la reunión con los padres del agresor.

89. Hora de sacar a relucir toda tu razón. Enseña el diario que te recomendé confeccionar en los pasos 062, 063 y 064 —con todas las pruebas—. Si el tutor ha hecho bien su trabajo, también tendrá algo que aportar.

90. Pero, recuerda, no estás intentando convencer a nadie de nada. Enseñas las pruebas para que se marchen de allí con toda esa información en la cabeza. No entres en discusiones con ellos.

91. Los responsables del colegio presentes en la reunión recordarán, antes de finalizar el encuentro, todas las consecuencias —disciplinarias y legales— que puedan llegar a recaer sobre un acosador escolar. Si se olvidan de comentarlo, pregúntalo tú, como «una curiosidad» sobre un caso genérico no personalizado. Que los padres del bully se vayan habiendo escuchado todo lo que podría ocurrir de ser cierta la acusación.

92. Ármate de paciencia: hay dos cosas muy indignantes que pueden ocurrir. Recuerda que vas advertido y no pierdas los papeles cuando sucedan. Recuerda que tienes toda la razón. Ahí van.

93. Lo primero que puede ocurrir es que los padres del bully aseguren que todo lo expuesto es una mentira. Da igual lo que digan, si has seguido mis pasos, has hecho las cosas bien.

94. Lo segundo que puede ocurrir es que insistan en la idea de que, en realidad, es tu hijo el que hace bullying al suyo. Parece descabellado, pero es tremendamente habitual. Da igual lo que digan, si has seguido mis pasos, has hecho las cosas bien.

95. Si tienes suerte y son unos padres con suficiente raciocinio —incluso si empezaron las conversaciones con mal pie—, ya serán conscientes de la realidad. De ser así, el problema estará casi resuelto y pondrán de su parte.

96. En caso de que no se pueda esperar una gran colaboración por parte de los padres del acosador, de cualquier forma, el objetivo se habrá conseguido. Por mucho que nieguen la evidencia y no den crédito, llegarán a su casa tras darle mil vueltas en la cabeza, acosados por el pensamiento: «¡Anda que... como me esté equivocando y sea verdad...! ¡Qué ridículo más espantoso habré hecho!».

97. En el peor de los casos promedio —aunque solo sea para no tener que reconocer que estaban equivocados—, el acosador recibirá esa noche una seria advertencia por parte de sus padres: «¡Que no me entere yo de que nada de esto es verdad!». El bully afrontará así las primeras consecuencias de sus actos y vislumbrará que, por mucho que coaccione a su víctima, de persistir en su trato... no quedará impune.

98. Nunca, nunca, nunca, nunca, nunca quedes con los padres del agresor sin ser para una reunión planificada bajo el PACAE, ni trates el asunto con ellos sin la guía del orientador y sin la presencia de uno de los miembros designados por la escuela para llevar el caso de tu hijo.

99. Nunca, nunca, nunca, nunca, nunca vayas a hablar con el acosador. Necesitaría dos libros más para explicarte todo lo que puede salir mal como resultado de ese encuentro. Puedes hacer que el bully vea la situación —tras tu charla— como algo personal contra él y empeore sus acometidas, puedes tumbar el plan de acción ideado por el colegio, puedes ser señalado como a una especie de abusador que amenaza a niños, puedes ser denunciado por molestar a un menor, puedes perder los nervios —e incluso ser provocado intencionadamente— y acabar agrediendo al perpetrador, puedes perder credibilidad, puedes dejar en ridículo a tu hijo ante los demás y terminar de rematar su autoestima, puedes perder su confianza, puedes generar simpatías hacia el bully... Lo dicho: no hagas esa locura. Además, suele ser la primera y más frecuente de las ideas que tienen los padres. Nunca sale nada bueno de ese encuentro. Por favor, nunca, nunca, nunca, nunca, nunca...

100. Si la clase de tu hijo tiene un grupo de WhatsApp, que no se te ocurra entrar en él o usar la cuenta de tu hijo para defenderlo —o llamar la atención al bully—. Tendría casi las mismas consecuencias que el punto anterior, solo que dejando pruebas constatables de tus actos. Si no puedes soportar la tentación de responder, es mejor sacar al niño del grupo o confiscarle el móvil. Es una pena, porque la recepción pasiva de los mensajes es una fuente de pruebas para apoyar tu denuncia. Pero, ante la tentación de reaccionar, evítalo.

101. Si la clase tiene un grupo de WhatsApp de alumnos o de padres, no hables del tema por ese canal. Aunque lo hagan otros menores. Aunque lo hagan otras familias. Aunque lo hagan los padres del acosador. Aunque se dediquen a difamarte —a ti o a tu hijo—. No contestes.

102. Aunque esta obra no señala a los trabajadores de la Educación en general como malos profesionales —de hecho, sostiene todo lo contrario—, es cierto que los hay que prefieren evitarse el esfuerzo de actuar ante un caso de acoso escolar. Una práctica muy habitual para escurrir el bulto entre esta minoría negligente es la de limitar todas las comunicaciones a la palabra hablada y, cuando surgen incoherencias o discrepancias, asegurar haber dicho «digo» donde se dijo «Diego». Es por ello que resulta una práctica muy recomendable grabar todas las conversaciones mantenidas sobre el caso con profesores, miembros del equipo directivo, orientadores e inspectores de educación. Mientras no se publique, difunda o reproduzca ante terceros la grabación, quien grabe participe en el diálogo y este sea de su interés, la acción de captar y almacenar las palabras no constituirá un acto ilegal, y el archivo resultante podrá ser utilizado como prueba legítima para defender intereses en un proceso judicial.

103. Consulta y confía en el orientador por defecto —salvo que demuestre no ser digno de confianza.

104. La segunda peor de las ideas que pasarán por tu cabeza —e incluso puede que familiares y amigos te la propongan— es cambiar al niño de colegio. Eso puede convertir el problema en algo eterno e irresoluto. Si no sabes gestionarlo, tu hijo se puede volver inseguro —y será la diana perfecta para nuevos acosadores allí a donde vaya—. Salvo que creas que su vida peligre o que ya haya superado la segunda fase del acoso escolar, no lo cambies. Hay que solucionar el problema, no huir de él.

105. Si alguien del equipo educativo te sugiere que te lleves al niño del colegio, desconfía. Alguien no está haciendo lo que se supone que debe hacer.

106. Intenta sustituir la palabra «víctima» —con connotaciones muy negativas que tienden a fomentar la autocompasión— por «superviviente» —que habla de persistencia, dureza, arrojo...—. Con el porcentaje de suicidios por bullying que hay hoy en día, eso es justo lo que es aquel que no sucumbe: un superviviente.

107. Sin presiones y sin atosigar..., pero intenta averiguar cuál es la contingencia del chivato de tu hijo.

108. Si descubres la contingencia del chivato de tu hijo y la invalidas, el bully perderá su poder sobre su víctima —o tendrá que buscarse una nueva fuente.

109. Muchas contingencias del chivato se basan en el miedo a que la familia descubra algún secreto —una orientación sexual oculta, una foto fruto del sexting, algo «inconfesable», etcétera—. Invalidar ese tipo de contingencias del chivato es tan sencillo como hacer

comprender a tu hijo que nada de lo que haya hecho y que esté siendo utilizado en su contra tendrá consecuencias sobre vuestra relación.

110. Tu hijo te hablará muy a menudo de dolores de cabeza, mareos, vómitos, dolor abdominal, descomposición gastrointestinal, etcétera. No podemos ser ingenuos y descartar que se trate de excusas para evitar ir a clase. Pero no lo des por sentado, las víctimas de bullying somatizan muchos síntomas. Puede estarlos sufriendo de verdad. De hecho, es lo más habitual.

111. Es muy recomendable brindar a tu hijo ayuda terapéutica profesional externa.

6

La violencia como respuesta

La violencia física de alta intensidad —arañazos, golpes, puñetazos, patadas, mordiscos, proyecciones, estrangulaciones, etcétera— es muchas veces propuesta como la cura milagro ante el bullying.

¿Cuántas personas defienden en las redes sociales y en sus reuniones de amigos el uso de la fuerza como panacea ante el acoso escolar?

«Una vez le di un puñetazo a mi bully. Desde ese día, me dejó en paz».

¿Lo habías escuchado antes? ¿De verdad es así de «simple»? ¿Es la violencia física la respuesta para detener la violencia física?

Nos hablan de «proporcionalidad» y de «legítima defensa» a modo de comodines incontestables que respaldan su «remedio» y que lo vuelven, según parece, automáticamente acertado.

Analicemos este pensamiento partiendo desde la siguiente premisa: la violencia física dentro de un centro educativo está prohibida siempre, sin que esta realidad se vea alterada por el motivo que la cause o la ausencia de este. Y este hecho no admite discusión —ni debería ser admitida.

Al final de este capítulo podrás encontrar un listado de las veinticinco razones por las que abogar por la violencia no es una buena decisión para atajar el acoso escolar. A lo largo del texto hallarás una conexión entre cada una de esas razones y las ideas que se están exponiendo a través de llamadas a notas, lo que pretendo que te facilite entender más a fondo la lógica que las sustenta.

La esencia del problema: el acoso escolar comprendido desde su origen

Resulta extremadamente fácil, infantil e incorrecto reducir el bullying a un asunto de «buenos y malos», en el que los agresores son seres malvados movidos por el simple interés de hacer daño, individuos que cualquier cosa negativa que les ocurra «se la tienen merecida».

No es tan sencillo.

Un acosador escolar puede ser una persona que sufre (argumento 1, véase p. 132) con cuyo sufrimiento nos cuesta empatizar.

Esto no justifica sus actos en absoluto, pero es necesario tenerlo presente para entender que tampoco merece todo daño que se le cause.

¿Sabías que un informe, realizado con estudiantes de entre cuarto de primaria y cuarto de secundaria, indica que el 16,8 por ciento de los acosadores escolares declara haberse intentado quitar la vida al menos una vez? Este triste dato aumenta al 24,9 por ciento —superando por primera vez al de las víctimas— cuando computamos ciberacosadores.[22]

Nadie mental y emocionalmente sano se levanta un buen día apeteciéndole torturar de forma sistemática a un individuo escogido, de manera que deberíamos plantearnos qué hay detrás de semejante comportamiento —sobre todo, para atajarlo.

22. Díaz-Aguado, C., *et al.*, *Acoso escolar y ciberacoso en España en la infancia y en la adolescencia, op. cit.*

¿Cómo simplificarlo a «víctima buena, acosador malo», sabiendo que tantas víctimas se convierten en acosadores y viceversa?

No obstante, descartar la violencia física como respuesta al acoso escolar no es solo una cuestión de humanidad. Si contemplamos el escenario psicológico real que hay tras una situación de acoso escolar, comprenderemos lo contraproducente que puede llegar a ser agredir al bully.

Como ya se ha indicado en esta obra, el acoso escolar se produce cuando una persona con baja autoestima intrínseca —el agresor— utiliza a otra con, aparentemente, baja autoestima —la víctima— para mejorar el sentido de aprobación —propio o de terceros— de su estatus a base de hundir más el de su objetivo y ponerlo por debajo del suyo, mediante actos intencionados, repetidos, bajo desequilibrio de poder y sin reparto equitativo de responsabilidad.

Si analizamos esta definición del bullying, comprenderemos que dañar aún más la autopercepción del agresor o empeorar la aprobación que disfrute entre terceros podría convertirse en una estrategia que empeore la situación. Si acosa por baja autoestima, ¿reducírsela más no aumentará su necesidad de acosar? (argumento 2).

En esta obra, rechazar la violencia como respuesta al acoso escolar no pretende ser la postura más moral. Tampoco la alternativa más justa. Simplemente, **demuestra ser la estrategia mejor calculada**.

En el presente texto no se persigue relativizar en ningún caso los injustificables actos de un acosador escolar —amparándose en sus causas—. Pretende analizar su origen para encontrar soluciones que lo atajen entendiendo sus fuentes.

Y el porqué del bully no se soluciona a puñetazos.

Pongamos nombre y consecuencias escolares a la «propuesta»

En la terminología de la ciencia que estudia el acoso escolar, al perjudicado que acomete contra sus acosadores escolares se lo conoce como víctima reactiva.

Una víctima reactiva no es percibida de igual manera por las autoridades educativas que el resto de los damnificados, lo que conlleva una serie de desventajas agregadas:

- Las crisis de convivencia acosador-víctima reactiva se malinterpretan con facilidad, y se tratan con frecuencia por los centros educativos como conflictos escolares (argumento 5), nada que ver con el acoso escolar. Confundir las agresiones individuales de un caso de bullying con conflictos escolares es uno de los errores más habituales de los colegios e institutos, de manera que no deberíamos proponer medidas que facilitasen que esto ocurriese.
- El estatus de víctima reactiva puede llegar a ser fácilmente confundido con el de acosador (argumento 6). De hecho, existen ejemplos de protocolos PACAE en España —como el de Canarias—, que, en algunos de sus puntos, equiparan a las víctimas reactivas con los acosadores (argumento 7).
- La capacidad de la víctima reactiva para dar respuesta puede hacer pensar —erróneamente— que necesita menos mecanismos de protección que cualquier otra víctima (argumento 7).
- Sus acometidas —aunque se quisieran considerar «en defensa propia»— conllevan medidas correctivas por parte de las autoridades educativas (argumento 8).
- Esto sucede incluso si dichas autoridades no confunden la relación de acoso escolar que está padeciendo y son

capaces de reconocerlas con acierto como víctimas, puesto que la violencia física no está permitida en los centros educativos bajo ningún concepto. Ni siquiera como respuesta a otra agresión —o a muchas— (argumento 8).

- Los actos de una víctima reactiva pueden ser utilizados por su acosador como excusa, coartada o incluso como evidencia falsa de estar siendo «la verdadera víctima» (argumento 6).
- Las familias de los bullies, que en cualquier caso colaboran para la resolución del problema en un bajísimo porcentaje, se vuelven mucho más reacias a poner de su parte cuando la víctima del caso ha sido reactiva (argumento 9). Casi es una garantía de que se opondrán por defecto a cualquier intervención de las autoridades del centro que redunde en una medida educativa para el acosador (argumento 9).

En resumen: ser víctima reactiva empeora la situación de la víctima. Boicotea la percepción que se tiene sobre ella, así como el proceso de identificación, investigación, protección y resolución del caso de bullying.

Los casos de fracaso: visibilidad y consecuencias

Los testimonios de «cuando le partí la cara a mi bully, nunca más volvió a molestarme» son ampliamente celebrados y difundidos en la red —y en las barras de los bares—. Nos llenan de una sensación de equilibrio kármico que hace que nos regodeemos en el «triunfo» de la víctima sobre el agresor (argumento 15).

Sus protagonistas los pregonan orgullosos, presumiendo del resultado y asegurando que fue el método que les ahorró o atajó un problema con potencial crónico.

Mi pregunta es: ¿cuántas de las personas que intentaron «partir la cara de su bully» y les salió mal crees que te contarán su historia?

¿Habrá orgullo en narrar «intenté golpearle y, en respuesta, me dio una paliza que me dejó en cama tres días» (argumentos 3 y 4) —caso real—? ¿Se compartirán tanto las historias del estilo «lo peor que hice fue darle una patada. Desde ese momento, el acoso se triplicó, lo que me llevó a estar a punto de quitarme la vida» (argumentos 3 y 4) —caso real—? ¿Encontrará el público justicia divina en un relato del tipo «tras mi puñetazo, lo derribé. Al día siguiente, pasó por mi barrio con cuatro amigos y me dejaron tres semanas en silla de ruedas» (argumentos 3 y 4) —caso real—?

¿Y si resulta que los casos de «éxito» son en realidad una minoría (argumento 11) muy visibilizada y promocionada —por lo agradable de su relato—, **pero la probabilidad de que este tipo de respuesta sea contraproducente es inmensa e invisible? (argumento 4).**

¿Conoces el sesgo del superviviente?

Si solo los que «sobreviven» —incluso cuando son relativamente unos pocos— comparten su relato, se puede llegar a creer que constituyen el caso más representativo.

Esta es la realidad que vivimos día a día en los centros educativos de España: las víctimas reactivas sufren consecuencias y represalias terribles en un porcentaje mucho más amplio que las que logran que sus acosadores las dejen en paz.

Pero esta parte del relato, la que concluye con niños que intentaron apagar el fuego con fuego y que acabaron ingresados en hospitales por quemarse, carece del marketing que tanto gusta a los cuñados listos de internet.

Es más, puede que incluso los casos de «fracaso» no hayan sido computados por considerarse una simple continuación del estado habitual del acosado.

Los casos de éxito: nunca fueron exitosos

Frenar a golpes la situación de hostigamiento hacia una víctima no es solucionar el bullying.

No se entenderá este capítulo si no se acepta que el acoso escolar es un problema profundo, multifactorial y que carece de «curas milagrosas» unidireccionales. Afrontar el bullying es una ardua tarea que debe ser acometida desde muchas perspectivas (argumento 14).

Una aparente solución que frene el hostigamiento a un menor —las pocas veces que lo consiga— obviamente será considerada positiva por parte del perjudicado —y de su familia—. Pero, si dicha medida redunda en un cambio de objetivo por parte del agresor —o, lo que es peor, un cambio de roles con la víctima—, el problema real estará aún muy lejos de haberse solucionado (argumentos 12 y 13).

Dicho de otra manera: **que dejen de molestar a tu hijo soluciona su sufrimiento, pero no finaliza el bullying** mientras el agresor se limite a seleccionar a un nuevo objetivo más débil (argumento 12) —o, más preocupante aún, convierta a tu hijo en el nuevo bully— (argumento 13).

Entiendo que tu prioridad sea que tu pequeño deje de ser torturado. Créeme, lo entiendo. Lo entiendo en primera persona y como experiencia personal.

Pero debemos hacer un esfuerzo entre todos —y, cuando digo todos, me refiero a implicados, testigos, familias, docentes, legisladores, centros educativos, instituciones y sociedad— para lograrlo de una manera que, a la vez, elimine la posibilidad de que surjan nuevas víctimas.

Incluso si pegar al bully fuera siempre una solución eficaz al cien por cien —que no lo es— frente al maltrato **dirigido contra un individuo en concreto** y sin consecuencias negativas para la víctima, existiendo otras opciones que además logran evitar la aparición de más damnificados, ¿no deberíamos preferirlas? (argumento 14).

El efecto pedagógico sobre el agresor: el daño que nos hizo *The Karate Kid*

¡Qué gran película!

¿Cómo no idolatrarla?

Era mi sueño dorado cuando niño, la fantasía de toda víctima de acoso escolar.

Yo, al igual que muchos otros menores, anhelé ser Daniel-san: plantar cara a mis bullies, darles una paliza, hacerles morder el polvo de una patada y luego comprobar cómo la lección hacía que me respetasen, me apreciasen y comprendiesen lo equivocados que habían estado en sus actos, pasando desde ese instante de ser sádicos conmigo a ser empáticos.

Llevo tatuado en mi cerebro aquella escena final de setenta y dos segundos legendarios. Ese protagonista sufriendo, esa agresión ilegal donde más le duele por parte de un cruel acosador escolar, ese momento de superación, los seguidores del bully pidiendo sangre, la música épica *in crescendo*, el golpe final inesperado, cómo se lleva a la chica, cómo lo vitorean todos, el acosador asumiendo su derrota con una deportividad mágicamente recién descubierta y diciéndole: «Eres buena gente, LaRusso. Buen combate», convirtiéndose de pronto en un ser de luz, y esa mirada de orgullo por parte de la figura paterna de la víctima... ¿¡Cómo no emocionarse!?

Qué estúpido fui y cuánto sufrí por no conseguir algo que era casi imposible.

Qué daño hizo aquella obra a toda una generación de víctimas de bullying injustamente responsabilizadas de su situación —y a unas cuántas más de sabelotodos pseudointelectuales que creyeron atisbar la clave contra el acoso escolar en la patada de la grulla.

Mucho más realista es *Cobra Kai*, la obra posterior que se ha grabado como continuación de la ficción y que utiliza a los mismos actores mucho mayores.

En esta serie podemos ver la versión de la historia contada por el bully, el terrible efecto que tuvieron sobre su vida aquellos hechos, cómo solo lo escoraron más en su deriva de matón, cómo los buenos acabaron siendo no tan buenos y los malos no tan malos. En ella podemos ver, con pericia magistral, **lo fácilmente que una víctima reactiva puede convertirse en acosador**.

La realidad es que responder a la violencia física del acoso escolar con esta misma, funcione o no para tranquilidad de la víctima, solo demuestra al bully que la violencia es el camino y que triunfar o no en su empeño es solo una cuestión de fuerza (argumento 10).

Lo de «se llevó una lección» pensando que habrá aprendido que no debe acosar es una leyenda. Lo que habrá aprendido es que, la próxima vez, simplemente deberá escoger como objetivo a alguien más frágil (argumento 10).

¿De verdad queremos enseñarle eso a nuestros niños?

El efecto pedagógico sobre la víctima: la responsabilidad revictimizadora

¿Y si la víctima no quiere emplear la violencia?[19]

¿Y si no es capaz?

«La culpa es tuya», me repetí una y otra vez durante toda mi infancia como víctima de acoso escolar.

Y es que, si a un niño le dices que la solución mágica y definitiva al bullying está en sus puños y, aun así, lo sigue sufriendo, ¿cómo no va a llegar a la conclusión de que su situación, sin ponerle —ese— remedio, ya sea porque no se atreva, quiera, sepa, pueda o crea en el uso de la violencia física como respuesta, es culpa suya? (argumento 19).

Encima de sufrir acoso escolar, ponemos sobre los hombros de la víctima la responsabilidad de solucionarlo (argumento 16).

Igual que el «todólogo» que responsabiliza públicamente a las víctimas de violencia sexual por su forma de vestir, a las de violencia machista por no abandonar su relación abusiva, a las de robo por llevar objetos de valor o a las de abuso infantil por no reportar su situación. Además de padecer el abuso, las hacemos culpables de este «por no ponerle fin por sus propios medios» (argumentos 16 y 17).

Aparte de padecer tortura sistemática en el colegio, llegué a sentir desprecio hacia mí mismo por «mi debilidad» (argumento 17).

Un plan sin fisuras para luchar contra el sufrimiento de la víctima, ¿verdad?

El «juicio por combate» para quien no puede sostener una espada

Ya no es solo una cuestión de no enseñar a utilizar la violencia a los menores que no quieran utilizarla, ¿nos hemos dado cuenta de que proponer los puñetazos como medio para acabar con el bullying implica aceptar que los niños sin puños no pueden solucionar su acoso escolar (argumento 20).

No hemos pensado en ellos, ¿verdad? En las personas necesitadas de especial protección que, por su diversidad funcional, sufren una alta limitación física, motora, mental o psicológica que los hace incapaces de ejercer la violencia o de juzgar ponerla en práctica como instrumento de defensa.

La propuesta implica abandonar a todas esas personas, empujarlas a asumir que serán víctimas. Después de todo, la única solución que funciona son los golpes que se plantean, ¿no?

Siempre que alguien me habla de la respuesta violenta como cura milagro al acoso escolar, le sugiero que la próxima vez que vaya a decir que el único camino real y efectivo contra el bullying es la patada de la grulla, se imagine que lo está escuchando un chaval de doce años con parálisis cerebral y al que sus compañeros llaman «Tiranosaurio» por la espasticidad de sus brazos hasta hacerlo llorar a diario —caso real—. Que es a él a quien le está recetando dar una paliza como única salida.

Que, cuando se le vuelva a pasar por la cabeza utilizar el eslogan de «la lección al bully», visualice que entre sus oyentes está la desesperada mamá de una niña afectada con un síndrome de Down tan severo que le impide responder a los bofetones cuando los demás niños la obligan a comer tierra para diversión de su público —caso real—. Que es a ella a la que le está asegurando que solo los cabezazos de su inocente pequeña pueden salvarla del acoso.

A ver, tras esto, si quien sea se siente capaz de acabar su frase.

«No. En el caso de estos niños no», me suelen responder.

¡Vaya!, ¿hemos pasado de pronto de «no hay otra solución posible» a contemplar alternativas según quién sufra el problema?

Y, por favor, si alguna vez te saltan con lo de «que llame a su primo de Zumosol» a modo de paladín —como si no existieran niños necesitados de especial protección sin redes de apoyo—, atájalo rápido: ¿y la supuesta proporcionalidad en la que se basaba?

Consecuencias sobre la víctima

«Para que las personas no sufran violencia física, deben ejercer violencia física sobre las personas».

Argumento impecable.

No puedo evitar preguntarme cómo puede alguien enunciarlo sin sonrojarse ante su propia hipocresía.

¿Qué efecto pedagógico tiene esto sobre nuestros peques? ¿Qué les enseña?

Apagar el fuego con gasolina

Los estudios sobre los motivos/pretextos que emplean los acosadores escolares para justificar sus actos generan muchas dudas sobre la ideología de la patada de la grulla.

Niños que acosan «para no ser acosados», víctimas que se convierten en acosadores «porque se lo hacían a ellas»... **¿Hasta qué punto la enseñanza de la violencia física como defensa no está normalizando la violencia física como ataque? (argumentos 23 y 24).**

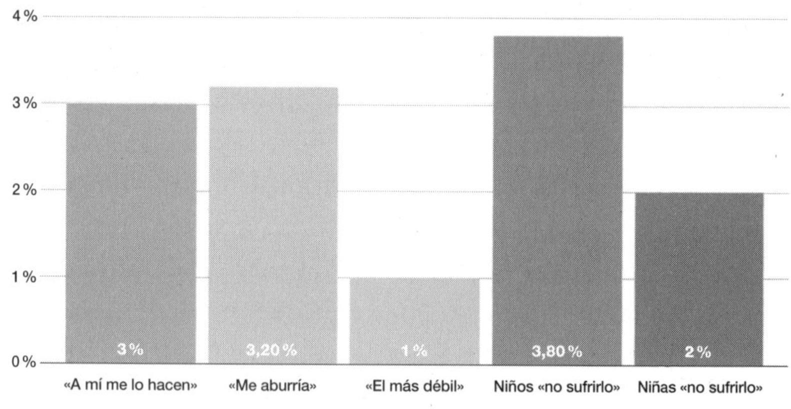

Fig. 1. Pretextos justificadores (IIP Acoso escolar))

La relación bullying/violencia física no es tan directa como se cree

La violencia física de alta intensidad no siempre aparece en los casos de acoso.

De hecho, es la que menos se produce.

Es más, si aparece, es la última en hacerlo.

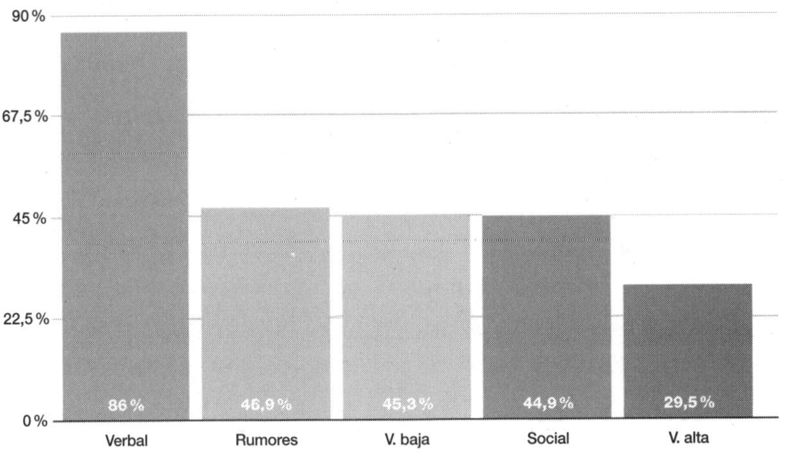

Fig. 2. Formas de acoso (Fuente: Fundación Anar).

Los fans de responder al acoso escolar con violencia física de alta intensidad deben decidirse de una vez: o están defendiendo la violencia física de alta intensidad como respuesta a todas las formas de acoso —por tanto, destruyendo su fantasía de «legítima defensa» al acabar con toda proporcionalidad, pues si a una burla, la víctima responde con un codazo, es imposible hablar de proporción y legitimidad— (argumento 22), o están refiriéndose **solo al acoso escolar basado en la violencia de alta intensidad (argumento 21)**. Así pues, ¡que se queden con su proporcionalidad! ¿Están ofreciendo una solución milagrosa contra el bullying que solo se podría aplicar a la inmensa minoría de los casos de acoso escolar y cuando este ya está en su peor fase?

Nos dice el doctor Iñaki Piñuel (2007), uno de los mayores expertos en acoso escolar del mundo, que permitir que el bullying pase a fases más avanzadas lo vuelve crónico e irreversible, con las peores y más permanentes consecuencias para la víctima (argumento 21).

¿De verdad queremos proponer una solución que solo es ética si se emplea cuando el peor y más indisoluble de los daños ya se ha manifestado?

Una patente de corso para los centros educativos

Lo más triste de proponer la violencia física como respuesta al acoso escolar no es que responsabilice a las víctimas de solucionar su situación. Ni siquiera que dificulte a las autoridades educativas la detección y gestión del acoso escolar. **Es que exonera a dichas autoridades de hacer su trabajo (argumento 18).**

Normalmente, cuando propones a los fans de la patada de la grulla confiar en el buen hacer de los docentes, te responden con que los profesores «no hacen su trabajo».

Analicemos de nuevo este planteamiento: «Como los profesores no hacen su trabajo solucionando el acoso escolar, promovamos la idea de que solucionar el acoso escolar no es trabajo de los profesores, sino de los niños».

De nuevo, *un plan sin fisuras.*

No soy un iluso, claro que sé que hay profes que no realizan bien su cometido gestionando el bullying en sus centros. Los hay que no pueden. Los hay que no les dejan. Los hay que no saben. Los hay que no quieren. Los hay incluso que discuten que sea competencia suya. Peor aún, hay un vestigio gremial que incluso fomenta el bullying en sus clases.

Pienso que esos malos trabajadores de la Educación son una minoría en mi profesión, pero es verdad que tienen mucha más visibilidad —por los efectos que provocan— que quienes hacemos bien nuestro trabajo en este aspecto de la convivencia escolar.

Pedir que en lugar de adoctrinar a nuestros críos en que se defiendan a patadas dentro del cole los instruyamos en avisar a sus docentes y que sea a dichas autoridades a quienes exijamos la solución no nace de la inocencia de creer que todos los profesores cumplamos debidamente con nuestra obligación. Surge de que, puestos a invertir tiempo, energía y nervios en algo, las familias harían bien empleando esos recursos en instar a las autoridades educativas a que hagan su trabajo —o en conseguir de sus superiores que los obliguen—. No en incentivar a los niños a enmendar sus problemas a tortazos.

El curioso y revelador perfil de los fans del método

¿Existirán las casualidades en este asunto?

¿Por qué tantas de las personas que defienden el camino de la patada de la grulla se muestran extremadamente agresivas cuando les expones el dictamen conjunto de los expertos —que rechaza de forma unánime la violencia física como respuesta al acoso escolar?

¿Por qué tantas de ellas recurren a ridiculizar y burlarse de los veinticinco argumentos de esta guía sin conseguir —a veces sin intentarlo siquiera— desarmar ni uno solo con datos?

¿Por qué muchas entran en el insulto fácil tras leerlo?

¿Por qué las hay que responden intentando invalidar en público a su autor por no compartir su perspectiva?

¿Me lo parece a mí, o todas estas conductas que exhiben los simpatizantes de la violencia física de alta intensidad como respuesta única y efectiva al acoso escolar... son propias de bullies?

No creo que la mayoría de los fans de esta forma de pensar hayan sido acosadores, sino que la mayoría de los que han sido acosadores son fans de esta forma de pensar (argumento 25).

Y considero que esto debería hacernos reflexionar a los demás sobre si queremos aceptarla y compartirla (argumento 25).

Aplicaciones positivas sin caer en mitos

Por defender estos argumentos, una vez me llamaron «absolutista ético de la no violencia» y «totalitarista del pacifismo» —obviemos la gigantesca incongruencia que encierra la construcción de ambos términos en sí mismos y démoslos por aceptables, solo para poder continuar con el análisis.

No se debe malinterpretar lo aquí escrito: esta obra se ha referido a la violencia física como respuesta al acoso escolar **dentro de los centros educativos.**

Aunque algunos de sus argumentos pueden extrapolarse a cuando sucede fuera de instalaciones docentes y a cuando la respuesta se produce por otros motivos, no ha sido escrito pensando en esos dos escenarios —ni se han referenciado.

Nadie está discutiendo el derecho a la legítima defensa ni al uso proporcional y justificado de la violencia física como herramienta de protección **fuera del centro educativo.**

Por otro lado, incluso dentro de un instituto pueden suceder situaciones muy concretas en las que, de consumarse una agresión específica de violencia física de alta intensidad —estudiando la agresión de manera individual, sin el marco del acoso escolar—, peligraría seriamente la integridad personal y la salud de la víctima por acción directa del ataque —como consecuencia inmediata de la agresión.

Por supuesto, esta obra no está sugiriendo que las víctimas permitan que se produzca dicho daño.

De no quedar más opciones, de no existir alternativas para evitar el menoscabo inmediato, y siendo este de tan alta gravedad para la víctima, la violencia física podría ser el menor de los males. Y usarla para impedirlo no constituiría una mala decisión.

Pero debemos entender que esta medida no solucionará nunca, en ningún caso, el bullying, que es lo que sostiene este capítulo.

Recuerda: pocos casos de «éxito», muchas probabilidades de represalias y, en el mejor de los escenarios, el cese del hostigamiento hacia la víctima, pero con la consiguiente búsqueda de un nuevo objetivo por parte del agresor, **sin solucionar el problema del acoso escolar (argumento 12)**.

Si un alumno es un peligro para nuestro hijo, lo es para los de los demás. Incluso si, por la situación concreta descrita, la violencia física hace que dejen tranquilo al menor del que somos tutores legales, debemos solicitar que el bullying sea gestionado de verdad por parte de las autoridades educativas. De la forma correcta.

Sobre las artes de defensa personal, este capítulo tampoco se ha pronunciado cuestionándolas, y no pretende invalidarlas. Como ya se ha aclarado, se niega todo lo posible la violencia física dentro del centro educativo, pero no fuera.

Por supuesto que son útiles, que en la calle pueden resultar fundamentales y que, en los casos extremos descritos con anterioridad, facilita herramientas para ejercer la violencia física como instrumento de autoprotección, provocando el menor daño posible.

Aunque, reitero, el verdadero y mayor aporte que se consigue con que un niño que sufre acoso escolar aprenda un arte marcial radica en la autoconfianza que adquirirá —y que funcionará como repelente de bullies—, no en su pericia para luchar.

Listado de argumentos empleados

Defender la violencia física en respuesta a un ataque como solución al acoso escolar es mala idea porque:

1. Es poco empático si entendemos que el acosador lo es porque también sufre un problema.
2. Cuando es puntualmente «efectiva» ante una agresión, existen muchas probabilidades de empeorar la situación —recordemos que el acosador acosa porque su autoestima está dañada, y perder la confrontación la dañará más.
3. Cuando es «efectiva» ante una agresión, existen muchas probabilidades de empeorar la situación —una demostración de fuerza superior por parte de la víctima ratificará la concepción del acosador de «lucha de fuerzas», de modo que puede volver cuando se sienta más fuerte, por ejemplo, porque lo acompañen más seguidores.
4. Cuando no es «efectiva» ante una agresión, existen muchas probabilidades de empeorar la situación —ha habido un intento de desafío a su dominación y deberá ser castigado de forma ejemplar.
5. Convierte a la víctima en reactiva y, por tanto, hace mucho más difícil a las autoridades educativas detectar y diagnosticar el acoso escolar.
6. Convierte a la víctima en reactiva y vuelve posible confundir los roles de víctima y agresor en un caso de acoso escolar, estrategia muy utilizada por los bullies y sus tutores legales.
7. Convierte a la víctima en reactiva, con la consecuente pérdida de fuerza, derechos y mecanismos de protección en muchos PACAE.
8. Convierte a la víctima en reactiva y conlleva consecuencias disciplinarias siempre, pues la violencia no está permitida

en los centros educativos, ni siquiera cuando se muestre como «defensa legítima y proporcional».

9. Convierte a la víctima en reactiva y supone que la posibilidad de que los tutores legales del acosador colaboren en la resolución se vuelva prácticamente nula.

10. Radicaliza la postura del bully en la idea de que la violencia es una solución.

11. La experiencia docente señala que los casos de «éxito» son, relativamente, poquísimos.

12. Los casos de «éxito» solo hablan del fin del hostigamiento a su protagonista, no del fin del acoso escolar —que suele proseguir con la simple búsqueda de una nueva víctima.

13. Algunos de los casos de «éxito» hablan del fin del hostigamiento a su protagonista, no del fin del acoso escolar, porque provocan un intercambio de papeles en el que la víctima reactiva acaba convirtiéndose en un verdadero acosador y el bully original en su víctima.

14. Los expertos coinciden en que existen muchas formas efectivas de afrontar el acoso escolar que no implican —por supuesto— violencia física.

15. Si hay otras formas demostradas y más efectivas, ¿seguro que no se está promocionando esta porque resulte la más fácil o vengativa?

16. Dejar la solución del acoso escolar en manos de la violencia con la que sea capaz de responder la víctima es convertirla en la culpable de su situación si no consigue solucionar su acoso escolar.

17. Dejar la solución del acoso escolar en manos de la violencia con la que sea capaz de responder la víctima que no lo consigue es revictimizarla con la responsabilidad.

18. Dejar la solución del acoso escolar en manos de la violencia con la que sea capaz de responder la víctima es exonerar a las autoridades educativas de hacer su trabajo.

19. Dejar la solución del acoso escolar en manos de la violencia con la que sea capaz de responder la víctima es asumir que una persona que no quiere ejercer la violencia no obtendrá solución a su acoso escolar.

20. Dejar la solución del acoso escolar en manos de la violencia con la que sea capaz de responder la víctima es asumir que una persona que no puede ejercer la violencia no obtendrá solución a su acoso escolar —aquellas necesitadas de especial protección por una limitación funcional física, motora o mental que les impida responder con violencia física, o juzgar adecuado hacerlo.

21. La violencia física de alta intensidad por parte de la víctima como respuesta a la violencia física de alta intensidad por parte de un acosador implica responder solo cuando el acoso escolar está avanzado y arriesgarnos, por tanto, a que el peor y más permanente daño ya se haya manifestado.

22. La violencia física de alta intensidad por parte de la víctima como respuesta a cualquier otra forma de violencia por parte de un acosador, distinta e inferior a la violencia física de alta intensidad, significa promover una total y absoluta carencia de proporcionalidad y legitimidad en el uso de la violencia como defensa.

23. Las estadísticas sugieren que esta forma de pensar facilita la aparición de más acoso escolar.

24. Las estadísticas sugieren que esta forma de pensar facilita que las víctimas se conviertan en acosadores escolares de otros menores.

25. Es un «mecanismo de defensa» que promocionan y defienden quienes han sido acosadores. ¿Seguro que queremos estar de acuerdo con ellos y compartir sus posturas?

7

Tips contra el ciberacoso

En un mundo en el que nuestros hijos parecen saber más sobre el uso de las nuevas tecnologías que nosotros mismos, ¿cómo íbamos a poder aconsejarles? No solo se creen expertos, sino que, en la práctica, lo son.

Pero esta idea conlleva muchos errores: el mejor conductor del mundo no tiene por qué saber ni una sola palabra de mecánica. Controla el manejo de los vehículos, pero no su funcionamiento.

De la misma manera, las nuevas generaciones —que se creen tan versadas en todo lo concerniente al uso de las redes— suelen ser rotundos ignorantes en aquello que más les atañe: las amenazas.

Debemos ser capaces de asesorar a nuestros hijos en formas de prevenir el ciberacoso, el grooming, la sextorsión y el phishing, todas ellas grandes herramientas al servicio de su bully.

Para ello, aquí tienes una lista con ciento once consejos que podrás darle a tu hijo poco a poco.

1. El 75 por ciento de los menores con presencia en la red han sufrido grooming, lo sepan o no. Si estás en ese tramo, extrema las precauciones.
2. En internet debes ser desconfiado siempre, por defecto. Allí donde hay mucha gente, por estadística, es más pro-

bable encontrar a malas personas. Internet está plagado de ellas.

3. No hables con desconocidos por internet. Si desoyes este consejo, cuando hables con un desconocido por internet piensa siempre que se trata de un perfil falso y de un usuario malintencionado al que no le importa mentir y falsear su identidad para conseguir un objetivo malvado, sea el que sea —incluso si no te importa que lo consiga.

4. Rechaza los mensajes de contenido sexual o pornográfico, sobre todo de desconocidos.

5. No establezcas videollamadas o videoconferencias con desconocidos.

6. No contestes a las provocaciones, tan solo ignóralas. Cuenta hasta cien y piensa en otra cosa. Toda provocación a la que respondas es exitosa para el provocador.

7. Nunca devuelvas el golpe, la amenaza, el insulto o la provocación, solo conseguirás que el agresor se vuelva más violento.

8. Compórtate con educación en la web. Usa la netiqueta. Si eres desagradable con los demás —incluso con los que lo son contigo—, solo conseguirás quedar aislado —que es lo que busca el acosador— y rechazar a aquellos que no pretenden hacerte daño. Es más, tus actos pueden acabar provocando que personas neutrales se unan a la causa contra ti.

9. Si te molestan, abandona la conexión. Uno de los agravantes del ciberbullying con respecto al acoso tradicional es la sensación de no poder escapar de él, dado que el mundo digital nos rodea por todas partes. Pero esa es una afirmación falsa: bloquea, desconecta, apaga... y los agresores perderán la forma de hacerte llegar sus ataques.

10. Que no te tiemble la mano a la hora de eliminar contactos o amistades que te provoquen dolor en las redes.

Nada te obliga a soportarlos. La gente aprenderá con el tiempo que, si quieren permanecer a tu lado, tendrá que tratarte con respeto.

11. Pide ayuda. Si te encuentras con un problema, hay muchas personas preparadas para sacarte de un lío como este y/o ayudarte a que lo hagas por tu cuenta. No tienes que pasar solo por todo ello.

12. No facilites datos personales nunca. Te sentirás más protegido. Cada pedazo de información que manejen tus agresores es otra piedra más que podrán utilizar y arrojar contra ti. Cuanto menos sepan, menos munición tendrán a su disposición. Restringe el acceso a tu información. Revisa que los datos no se estén filtrando sin querer —una foto en la puerta de tu casa puede dar la dirección de tu hogar. No la publiques.

13. Por la misma razón, revisa que otras personas no estén publicando información sobre ti sin querer. Puede que no participen en la agresión, pero que, sin intención, proporcionen munición a los agresores. Si encuentras datos tuyos publicados por terceros —incluso si son de confianza—, solicítales que los borren.

14. No hagas en la web lo que no harías a la cara: tu identidad digital no es diferente a la real. Si no insultarías a alguien por la calle, no lo hagas en un chat. Si no te comportarías de manera agresiva ante una provocación en persona, no lo hagas por WhatsApp. Si no le darías una foto íntima tuya a un desconocido por la calle, no la subas a Snapchat.

15. Si te acosan, guarda las pruebas. Aunque te impliquen. Aunque te avergüencen. Aunque prefieras tratarlo en privado... Muchas veces, los agresores se hacen pasar por víctimas. Protege siempre una copia de toda actividad de acoso.

16. Cuando te molesten al usar un servicio online, pide ayuda a su gestor. Los administradores de Facebook sienten pánico al escuchar la palabra «ciberbullying» y pensar en que se les pueda relacionar con algo así. Si les dices que un grupo te está acosando, necesitarán pocas pruebas para tener la intención de cerrarlo.

17. No pienses que estás del todo seguro al otro lado de la pantalla. Tu identidad digital duele tanto como la real, y es igual de vulnerable o más.

18. Advierte a quien realiza un abuso de que no te gusta la situación y de que quieres que pare. Muchas veces, los agresores no saben que se están pasando. No muestres miedo al solicitar que paren —el desasosiego incentiva al agresor—, pero tampoco actúes de manera agresiva o intimidatoria —eso lo provoca aún más—: la manera de acabar con algo que te da miedo no es generar miedo.

19. Advierte a quien realiza un abuso de que está cometiendo un delito. Te sorprendería saber cuántos de los agresores desconocen qué es lo que están haciendo y cuáles son las consecuencias. Házselas saber, pero no olvides ser asertivo y estar calmado.

20. Entiende que nadie merece ser víctima de estas confabulaciones, ni es culpa tuya ni te lo has buscado.

21. Si hay amenazas graves, pide ayuda con urgencia. No descartes nunca llamar directamente a la policía o recurrir a los orientadores de tu colegio —incluso si sucede fuera del horario escolar y de los límites del centro—. No le quites importancia al latiguillo «Te voy a matar»: muchas veces constituye una verdadera declaración de intenciones. Acude a tu familia si tienes dudas sobre qué hacer.

22. Nunca aceptes invitaciones o peticiones de amistad de personas no conocidas. Es una vía —fácilmente falsifi-

cable— de llegar a ti. Da por sentado que son agresores camuflados.

23. Nunca quedes con desconocidos. Por lo general, son perfiles falsos para llegar hasta ti. Te intentarán tentar con fotos de perfil muy atractivas y aludiendo a tus gustos personales y aficiones. ¡No piques!

24. Nunca aceptes regalos o descargas de desconocidos. O van con sorpresa desagradable adjunta —como un virus— o son un método para que bajes la guardia y confíes en ellos.

25. De cara a estos consejos, entiende que «desconocido» es toda persona que no has visto nunca en persona —sin medios digitales de por medio—. Incluso así, para dejar de considerar desconocida a una persona, primero debes haber tratado con ella cara a cara —y no poco—. Un chico que viste una vez en una fiesta es un desconocido —por mucho que te sepas su nombre.

26. Nunca publiques tu número de teléfono en la web. Incluso si tu cuenta te lo pide, no lo facilites. Si el registro te obliga a ello, puedes darle uno inventado y luego borrarlo —o desistir con esa plataforma—. Si no te queda más opción, pide permiso a tus padres para usar uno suyo.

27. Cuando recibas contenido inadecuado —incluso si no tiene que ver contigo—, sigue todos los consejos aquí expuestos —guarda, denuncia, informa, corta comunicación...—. No queremos que seas víctima, pero tampoco cómplice. Y, a veces, el material se falsifica para buscar crear intimidad contigo y acabar yendo a por ti.

28. Si sabes que otra persona está siendo víctima, actúa y anímalo a actuar siguiendo todos estos consejos.

29. Si tienes dudas sobre si estás sufriendo un delito en la red, pregunta a tu familia y exponle la situación.

30. Mantén tu autoestima alta. Muchas veces, los agresores se centran en denigrar a la víctima. No caigas en esa trampa.

31. No normalices la situación. Ser víctima no debe ser algo corriente para ti. Es un peligro y puede hacerte mucho daño a la larga.

32. Busca nuevas amistades no relacionadas con el entorno en el que sufres el acoso. Pero hazlo en persona, no sea que, al emplear las redes, piques el anzuelo de acercarte a un perfil falso que el agresor haya dejado preparado para ti.

33. No hagas presunciones. Puede que ni las circunstancias ni las personas que parecen implicadas sean como aparentan. Mantén en todo momento un margen para la duda razonable, porque actuar sobre bases equivocadas puede agravar los problemas y crear otros nuevos.

34. Revisa tus dispositivos de conexión a la web para asegurarte de que no tienes activos procesos de espionaje.

35. Cambia todas las claves. Incluso si no eres víctima —que tú sepas—, hazlo de vez en cuando.

36. Reconfigura las opciones de privacidad de tus cuentas para volverlas más restrictivas.

37. Nunca abras un link directamente desde un correo electrónico. Si el texto del correo te convence, acude a la página web oficial y accede a tu cuenta para ver si hay notificaciones relacionadas. Si las hay, gestiónalas desde allí.

38. Nunca accedas a tu banco mediante un link.

39. Nunca llames a números de teléfonos de desconocidos que te lleguen por correo electrónico.

40. Nunca envíes información personal por correo electrónico, ni siquiera a conocidos. Si este consejo te parece complicado de seguir, por lo menos nunca mandes

contraseñas, números de cuenta, teléfonos y DNI. Por supuesto, jamás mandes un número PIN o una contraseña.

41. Nunca rellenes formularios o envíes información adicional de cuentas que se te hayan solicitado por correo.

42. Si alguna vez te sientes intimidado o forzado a mandar información personal por culpa de un correo, recuerda que no estás obligado. A los phishers les encanta utilizar estrategias de urgencia y contundencia —«Somos la policía: Tienes veinticuatro horas para...».

43. Si llegas a un punto en el que no tienes más remedio que acceder a un link facilitado por medio de un correo —evítalo a toda costa—, es mejor escribir la dirección en la barra del navegador que hacer clic en él.

44. Si accedes a una página —supuestamente— oficial para ingresar en tu cuenta, pero la dirección del navegador te parece extraña, sé precavido: introduce la dirección a mano de nuevo y carga la página antes de escribir tu nombre de usuario y contraseña. Por lo general, son páginas trampa que están a la espera de que introduzcas tus datos para mandárselos a un phisher.

45. Las únicas direcciones de internet seguras a ojos indiscretos son las que empiezan por «https://», pero, incluso así, solo eliminamos a terceros. Si entras en una web malintencionada —por muy protegida que esté—, le estarás dando toda información que facilites a su dueño, que, no por fuerza, será quien diga ser.

46. Si aparece un candado como icono en la esquina inferior derecha de tu navegador, haz clic en el dibujo para ver el certificado de seguridad de la página y verificar que el mensaje en realidad proviene de quien dice provenir.

47. Que tu contraseña nunca tenga relación con tu nombre de usuario.

48. Hay correos que son especialmente sospechosos de ser herramientas de phishing, por ejemplo, cuando viene de parte de un remitente desconocido —«farruko231@ hotnail.com te ha mandado un correo...»—, famoso —«shakira@yahuo.com te ha mandado un correo»—, destinatario con nombre parecido a entidades reales —«movitsar@gnail.com te ha mandado un correo»—, escrito con vocabulario ambiguo o neutro —«Querido amigo o amiga contactado/a...»—, o utiliza vocabulario equivocado —«Querido amigo...», siendo tú una mujer—, un idioma inesperado —«Dear friend...»—, traducciones inexactas —«Este método es bien para usted consiga todos su correcta objetivos...»—, errores ortográficos graves en comunicados oficiales —«Aver si podemos contactar con usted...»—, promesas muy tentadoras —«Pepita la guapita quiere conocerte para quedar...»—, asuntos de dinero —«Consigue 20.000 € trabajando desde casa...»—, temas o mensajes destinados a picar tu curiosidad —«No te vas a creer lo que sucede en este vídeo...»—, que amenazan —«Van a cerrar tu cuenta de Instagram si no...»— o, simplemente, mensajes inesperados —«Ha llegado tu paquete a correos...»—. Aprende a identificarlos y a no caer en ellos.

49. Si te llega un correo de un contacto de confianza con contenido sospechoso, pregúntale al remitente si te lo ha enviado él y si lo ha hecho de manera consciente.

50. Mantente informado sobre noticias y novedades de malware.

51. Ten un antivirus, asegúrate de que esté activo, de que es actualizable y de que se ha actualizado.

52. Si mandas alguna información por error —o desoyendo estos consejos—, avisa a los posibles perjudicados o protégete de su uso.

53. Las ventanas emergentes son publicidad y pueden estar contaminadas. No piques en ellas. Nunca.

54. No participes en cadenas.

55. Cuando envíes correos a más de un destinatario, pon como receptor tu propia dirección de correo y a los verdaderos destinatarios en la celda CCO. Así, ninguno recibirá la dirección de los demás.

56. Si reenvías un correo, borra el historial de datos de envío que queda como parte del cuerpo del nuevo correo para no descubrir las direcciones de los anteriores envíos. Si no quieres que se sepa que es un reenvío, borra «fwd:» del asunto y sube de nivel la indentación del cuerpo.

57. Si puedes evitarlo, no accedas a tus cuentas desde dispositivos que no sean tuyos —hay más formas de almacenar las contraseñas que las opciones del navegador—. Si te ves obligado a hacerlo, cambia las contraseñas a la primera oportunidad que tengas de acceder de nuevo desde un dispositivo propio.

58. Siempre que accedas a cuentas desde dispositivos públicos, cierra tus sesiones y borra el historial del navegador antes de irte.

59. No hagas sexting. No es un delito si se envía contenido entre iguales, si es consentido y si no involucra a nadie que no sea un participante, pero es una locura con graves consecuencias que siempre te expone y te vuelve vulnerable.

60. Nunca envíes contenido tipo sexting de otros. Eso sí que es un delito en casi todas las ocasiones, y puede conllevar graves consecuencias.

61. Antes de enviar contenido tipo sexting o que se le parezca —fotos en bañador, en pijama, en ropa de andar por casa, con el torso desnudo, en posiciones sugerentes

o fácilmente relacionables con temas sexuales—, pregúntate cómo te sentirás cuando el contenido se difunda —la mayoría de las veces, lo hace— y si lo asumes.

62. Antes de enviar contenido tipo sexting o que se parezca, recuerda que, si tu objetivo es atraer, puedes acabar atrayendo a gente que no te interese. O incluso peligrosa.

63. Cualquier contenido que envíes, incluso a contactos de confianzas, debes darlo por difundido sin control —por defecto—. No debes albergar la menor ilusión de gestión. Ten presente que por internet siempre se escapará de tus manos.

64. Antes de publicar una fotografía, pregúntate si te sentirías cómodo dando una copia impresa en persona a su destinatario. Si no lo harías en persona, no se la hagas llegar por la red.

65. Cuando vayas a publicar una fotografía en una cuenta con público, primero cumple con el consejo anterior e imagina que entregas la foto a todos sus miembros en persona. Si además no conoces a alguno de tus seguidores, pregúntate si le darías esa foto a un desconocido por la calle. Si la respuesta es que no, no la subas.

66. Recuerda que incluso cuando confías en el público al que va dirigido, el contenido puede ser interceptado por terceros en la red.

67. Desnudez y minoría de edad significa delito de pornografía infantil. La pornografía infantil es un delito cuando se crea, se posee o se distribuye. Se considera pornografía infantil la protagonizada por quien no ha cumplido los dieciocho años. Si te llegan este tipo de imágenes, bórralas de inmediato, incluso si te las manda su protagonista. Ponlo en conocimiento de una persona adulta.

68. Recibir o tomar una imagen de una persona no te da derecho a distribuirla. El hecho de contar con una imagen —fotografía o vídeo— en tu teléfono móvil no significa que tengas derecho a hacer con ella lo que quieras. Son cosas diferentes. Incluso si te dieron permiso para tomar la imagen, no significa que la puedas enviar a terceros o difundirla en redes o grupos.

69. La ley actúa siempre, también para los menores, con internet y en los móviles. Que todo el mundo haga algo con naturalidad, que consideres que no van a poder identificarte o que seas menor de edad... no te librará del peso de la justicia. Las leyes están para protegerte, y por eso actúan en todos los ámbitos. También protegen a los demás, y te pedirán cuentas si no respetas las reglas.

70. No participes con tu acción, tu risa o tu omisión. Cuando el sexting deriva en humillación y acoso colectivo, la víctima sufre un daño enorme y un sufrimiento extremo. Si lo promueves y lo jaleas, eres responsable. Si te callas, tu silencio ayuda a quien acosa y daña a la víctima.

71. Si, a pesar de todo, cometes la locura de practicar sexting, asegúrate de que no se muestren los rostros. El objetivo es que, si se difunde —debes dar por sentado que así será—, no lo puedan relacionar con los protagonistas. Si tienes rasgos identificativos —tatuajes, cicatrices, lunares, piercings...—, procura que no sean captados.

72. Si, a pesar de todo, cometes la locura de practicar sexting, encripta el contenido. Los destinatarios no suelen ser de confianza, pero menos lo son los ojos indiscretos que intercepten las comunicaciones. Si no sabes encriptar, ni lo intentes.

73. Si, a pesar de todo, cometes la locura de practicar sexting, borra y haz borrar siempre el contenido una vez haya sido utilizado. Nunca te quedes con una foto de este tipo, de nadie. Nunca dejes que nadie se quede con una de estas imágenes tuyas —aunque, por mucho que la pidas y te la confirmen, nada te garantizará su eliminación.

74. Asegúrate de que tu imagen no lleve coordenadas de geolocalización. Es posible que tu teléfono móvil tenga activada la función GPS y que añada automáticamente al archivo las coordenadas de la ubicación de las fotos que toma. Eso podría suponer un peligro adicional, pues, en caso de robo o difusión de la foto, terceras personas podrían saber el lugar donde se ha obtenido. Con ello, encontrarte en persona se convierte en un juego de niños. Regalar tus localizaciones habituales conlleva un riesgo, nada despreciable, de ser ciberacosado y acosado.

75. Cuando una relación termina, es muy recomendable pedirle a tu expareja o exligue que elimine todas las fotos sexuales o comprometidas que pueda tener de ti en su móvil, ordenador y correo electrónico. Nunca estarás seguro al cien por cien de que lo haya hecho, ¡por eso es tan arriesgado hacer sexting, incluso con tu pareja! No obstante, puedes pedírselo de forma educada —pero sé firme—. Nunca sabes si el despecho o una posterior pareja de esa persona —que tenga acceso al fichero— te intentará jugar una mala pasada difundiendo o utilizando esas fotos para hacerte daño. Advierte a tu expareja del mal que te haría si se divulgasen y de la responsabilidad y las consecuencias que puede tener para él ese hecho —incluso las penales.

76. No hables con desconocidos por WhatsApp. Esta red difunde mucha información sobre ti casi sin poder controlarla.

77. Si te haces fotos comprometidas o ridículas con tu móvil solo para tus ojos, no las dejes en la memoria mucho tiempo: son un riesgo. Bórralo todo.

78. Cuidado con el almacenamiento en la nube: servicios como iCloud hacen copias automáticas del contenido en servidores remotos. Todos los consejos referidos a la eliminación de contenidos deben tener en cuenta posibles copias no conscientes.

79. Cuidado con el almacenamiento en la nube: servicios como iCloud hacen copias automáticas del contenido en servidores remotos y lo comparten con todos los dispositivos asociados a una misma cuenta de Apple. A estos efectos, almacenar una foto en tu iPhone hace que se copie automáticamente en la nube y que otros miembros de la familia que compartan la misma cuenta con sus respectivos dispositivos tengan acceso a dicho material. Esto se considera «difusión en la red» ante la ley, incluso si esa no era tu intención.

80. Si tu móvil es privado o almacena contenido privado, nunca se lo dejes a ninguna otra persona —salvo a autoridades—. La norma es borrarlo todo, pero, si te estás retrasando en hacerlo, controla que el dispositivo no caiga en malas manos.

81. Cuidado con las aplicaciones que envían imágenes. No todas son de fiar y algunas se quedan almacenadas en servidores privados de sus fabricantes.

82. Cuidado con subir imágenes a las redes sociales, muchas incluyen una política mediante la cual cada foto enviada es una imagen cedida que pertenece, a partir de ese momento, a esa red. Incluso las hay que se hacen dueñas de tus derechos de imagen y las utilizan en su propio beneficio sin consultarte.

83. Nunca es buena idea dejar las cuentas abiertas, públicas o sin restricción de acceso a nuevos contactos. Si te interesa algo así para crear perfiles públicos y llegar a desconocidos, créalo específicamente para publicar contenido que no te importe que pueda verlo cualquiera.

84. Entiende que, si no hay sexting, difícilmente sufrirás sextorsión.

85. Nunca accedas a chantajes.

86. Si te chantajean, deja de responder y de comunicarte con el chantajeador inmediata y permanentemente.

87. Tapa la cámara web de tu dispositivo cuando no la estés utilizando.

88. Las fotos de redes con supuesto control de acceso a los contenidos —Snapchat— no funcionan como método de restricción. Se puede robar, capturar sin aviso o incluso almacenar en un servidor todo el contenido.

89. No uses páginas o aplicaciones para ligar, así como entornos de baja confianza. Pero si lo haces desoyendo este consejo, no utilices información privada real. Usa motes y no des apellidos o datos personales.

90. Que tus fotos nunca incluyan referencias fácilmente reconocibles que den pistas sobre direcciones habituales.

91. Nunca compartas fotos en las que aparezca un uniforme escolar, para que no puedan encontrar donde estudia el protagonista.

92. Nunca subas fotos con menores sin el consentimiento expreso de sus tutores. Déjales claro el ámbito y la privacidad a la que las vas a exponer.

93. Nunca subas fotos en las que se pueda leer la matrícula de coches de tu entorno.

94. Nunca subas fotos en las que se vea tu DNI o del tipo orla.

95. Nunca subas fotos de tickets, entradas, vuelos o billetes. No es buena idea que los desconocidos sepan dónde ir a buscarte o cuándo no estarás en casa.

96. Nunca subas fotos con otros protagonistas sin su consentimiento.

97. Nunca subas fotos que, aunque veas inocentes, otros puedan recibir y utilizar con intenciones perversas —por ejemplo, la de un bebé desnudo, incluso con el consentimiento de sus padres.

98. Nunca subas fotos a diario: la rutina puede dar pistas de tus hábitos y costumbres.

99. Asocia la identidad real con la digital.

100. Disocia internet y privacidad familiar en menores.

101. No uses una única clave para todo.

102. El código de tres dígitos que hay tras una tarjeta de crédito es un requisito indispensable para que los estafadores puedan duplicarla. No permitas que lo descubran.

103. Desconfía si te llega un correo anunciándote que has recibido una herencia.

104. Desconfía si te llega un correo de gente desconocida queriendo entablar amistad —si no eres usuario de aplicaciones de contacto.

105. Desconfía si te llega un correo proponiéndote un asunto ilegal que puede hacerte ganar dinero.

106. Desconfía si te llega un correo anunciándote que una de tus cuentas ha tenido una actividad extraña, pero el emisor del mensaje no es una dirección institucional.

107. Desconfía si te llega un correo de una empresa de modelos solicitándote fotos para un book si no has solicitado participar.

108. Desconfía si alguien se ofrece a jugar con tus cuentas en videojuegos mientras estás en clase, asegurándote que es para aumentar de nivel a tus personajes.

109. Desconfía si te llaman de un número desconocido y, al descolgar, se corta la llamada: es para que te pique la curiosidad y llames tú. Son teléfonos de pago extremadamente caros.

110. Desconfía si te llega un mensaje de un amigo pidiéndote que lo llames a un número que no es el suyo habitual. Son teléfonos de pago extremadamente caros.

111. Si te chantajean tras haber hecho sexting, debes entender algo primordial: por mucha vergüenza que te produzca que se difunda el contenido, siempre será menos lesivo que si aceptas el chantaje.

8

Guía de actuación

Como ya se ha mencionado repetidas veces, en esta obra no se pretende generalizar negativamente sobre la figura de las múltiples autoridades —educativas o no— a cargo de proteger y reaccionar ante el acoso escolar que nuestros hijos puedan sufrir en las aulas.

Pero tampoco se puede negar la existencia de profesionales que, ya sea por no saber, poder o querer, descuidan su trabajo.

Recordando lo que ya hemos visto sobre el traicionero sesgo del superviviente, tengamos en cuenta que, allí donde las autoridades de primera línea —los docentes— hacemos bien nuestra labor de lidiar contra el bullying, difícilmente un caso llegará a ser sangrante, pues se habrá realizado un importante esfuerzo de prevención que reduzca las probabilidades de que surjan oportunidades y, de darse, se habrán atajado en sus primeras fases, cuando el daño aún es menor, reversible y no se ha enquistado —primera o segunda fase como mucho—, lo que vuelve complicada la aparición de violencia física de alta intensidad como parte de una campaña de acoso escolar.

En pocas palabras: el bullying, aun siendo omnipresente, estará debidamente gestionado hasta quedar reducido a su versión incipiente y poco lesiva, descartado como opción satisfactoria por el alumnado dependiente de la ACIDA.

E imperceptible.

Ese es el mensaje: **el acoso escolar, debidamente atendido, es invisible e inocuo para el alumnado y sus familias.** Por eso, jamás sabrás todo el buen hacer que se haga al respecto.

Ojalá fuera siempre así.

Pero, con toda probabilidad, si has acudido a este libro es porque no es tu caso, o porque te resulta más frecuente el contrario: autoridades intentando a toda costa no hacer su trabajo.

Minimizan la importancia, escurren el bulto, niegan su competencia u obligación de actuar, se amparan en la burocracia para bloquear a las familias que no saben lidiar con ella o, incluso, en el peor de los casos, para amenazarlas.

Repito: esta conducta no representa a mi gremio. En números relativos, son unas pocas manzanas podridas que nos dan mala fama a todo el profesorado. Pero, en números absolutos, constituyen una cantidad tremenda con la que los tutores legales no solo no pueden contar, sino a veces son contra quienes hay que luchar para que los menores estén protegidos.

Esta guía de actuación será escrita desde la perspectiva del peor caso posible para luchar contra el bullying, planteándonos que, en ocasiones, también conllevará enfrentarse a unos docentes negligentes, un equipo directivo vago y unas autoridades que intentarán bloquear el proceso.

Si alguno de estos factores no se manifiesta, mejor. Los mecanismos descritos, innecesarios, no deberían perjudicar a tu hijo. Pero en caso contrario, agradecerás haber estado preparado para responder.

La actitud mental y los objetivos

Seguro que pensarás que va a ser mucho más fácil escribirlo que ponerlo en práctica, pero es uno de los mejores consejos: no pierdas la calma.

¿Cómo no hacerlo cuando sus compañeros han desnudado a tu pequeño en medio del patio —caso real—? ¿Cómo aguantar el tipo cuando a tu hija le han creado una página web para difundir imágenes sexuales con su cara elaboradas mediante inteligencia artificial —caso real—?

Pues precisamente por ellos.

A partir del momento en el que decidas buscar solución a su situación **todo lo que hagas debe ser un movimiento calculado dentro de una especie de partida de ajedrez.**

Jugando con las blancas solo debería estar el problema de autoestima del bully, y del lado de las negras, tú, las autoridades educativas, la familia del agresor y la burocracia.

Por desgracia, en muchos casos tus compañeros de equipo deciden cruzarse al otro lado, y aquellas entidades y personas que deberían estar ahí para apoyarte se sientan al otro extremo del tablero, intentando bloquear tus movimientos.

¿Quiere decir esto que la partida es imposible de ganar?

En absoluto.

Más difícil sí, pero no imposible.

Obviamente... habrá que jugar mejor.

Y, como la partida de ajedrez que es, debes calcular tus movimientos y medir las consecuencias.

No te dejes llevar por tus sentimientos. Hay quien piensa que si grita al director, increpa al acosador o da un puñetazo a su padre, sus probabilidades de triunfar aumentan. O eso, o tan solo se dejan llevar por lo gratificante que resultan estas respuestas a corto plazo cuando están hundidos por el peso de la frustración de que parezca que los obstaculicen por todas las vías.

No es verdad.

De hecho, esos movimientos en falso solo empeorarán tu situación y, por ende, la de tu hijo.

Tienes que ser un estratega y, para ello, entre estas páginas encontrarás algunas tácticas bastante útiles. Pero hace falta sangre fría para llevarlas a término.

El objetivo es más elevado que la satisfacción a corto plazo de «poner en su sitio a la jefa de estudios».

Aclara tu mente. Tus metas deben ser:

1. Tu hijo debe quedar inmediatamente protegido para que no se produzcan nuevos daños a corto plazo. El cese de las agresiones debe ser instantáneo y lo más completo posible.

2. Las dinámicas sociales entre tu hijo y el resto de los miembros de la comunidad educativa —incluidas las mantenidas con los agresores— deben repararse lo suficiente como para que tu hijo pueda volver a estar seguro en su centro cuando las medidas de protección se retiren. Mientras no haya una restauración de su estatus de igual, las medidas de protección deberán seguir activas.

3. Los responsables oportunos deben intentar que los agresores sean tratados y reeducados mediante medidas educativas para evitar que vuelvan a acosar. En caso de no conseguirse dicho objetivo, se deben aplicar sobre ellos medidas correctivas que garanticen la seguridad a largo plazo de tu hijo.

4. Si los actos de los acosadores constituyen actividades con posible responsabilidad legal y deseas justicia —reparación del daño, medidas correctivas fuera del ámbito de Educación o constancia legal de los hechos—, las autoridades competentes deben poder y llevar a término su trabajo.

5. Se han de recopilar evidencias del seguimiento del proceso para poder monitorizar su efectividad y, en caso de negligencia, poder demostrarla a la hora de un posible proceso judicial contra los profesionales de la Educación que no hicieron su trabajo —o que lo hicieron mal.

Estos son tus objetivos. No otros.

Si los tienes claros siempre y los persigues con autocontrol y serenidad, aquí te dejo las herramientas.

Estudia el PACAE

No puedes jugar al ajedrez si no sabes cómo se mueve cada una de las piezas que lo conforman.

De igual manera, el PACAE establece las reglas de un juego del que dependerá la seguridad y la integridad de tu hijo, así que léetelo.

Dependiendo del que te toque, será más sencillo, más lioso o se convertirá en un laberinto burocrático, pero, en cualquier caso, hay unos datos que tienes que conseguir sonsacar del documento:

- Formas de requerir su apertura en el centro educativo para realizar una **solicitud formal**.
- Métodos secundarios a la apertura por parte del centro educativo, por si este se muestra negligente y necesitas una **incoación alternativa**. No todos los PACAE cuentan con una.
- **Fases** que lo componen.
- **Plazos** de las fases que lo componen.
- **Responsables** de las fases que lo componen.
- **Requisitos para la confirmación del diagnóstico** de acoso escolar.
- **Medidas de protección extraordinaria** con las que debería protegerse a la víctima.
- **Requisitos para activar las medidas de protección extraordinarias**.

Conociendo estos datos, seremos capaces de jugar nuestro duelo ajedrecístico con menor desigualdad de partida. Te sorprendería saber el porcentaje de profesionales de la educación que, si llegan a mostrarse negligentes a la hora de gestionar el acoso escolar de sus centros, en realidad es que nunca se han molestado en leer su propio protocolo siquiera.

Uno de los aspectos positivos de la forma que te propuse en el punto anterior de afrontar la lamentable situación que está viviendo tu familia, sumado a este nuevo conocimiento, es que, a partir de ahora, cada nuevo error, descuido, negligencia o dejación de funciones que cometan las autoridades en la protección de tu hijo, lejos de hacerte sentir impotente, te empoderará. Te estarán «regalando alfiles extra» que utilizar para afrontar tu partida. Cada omisión estará localizada, identificada, registrada y evidenciada, así que será un nuevo recurso con el que incentivar a los profesionales a cumplir con su labor si no quieren afrontar responsabilidades futuras y/o que su actuación cuestionable sea elevada a instancias superiores.

En otras palabras: cada vez que la autoridad educativa haga mal su trabajo u omita cumplir con él, se estará «poniendo más en tus manos» de cara a no cometer nuevos errores, dado que no le resultará oportuno que dichas negligencias documentadas sean puestas en conocimiento de Inspección Educativa y/o de un juez, puede que expuestas incluso ante la opinión pública —debidamente anonimizadas, por supuesto.

Pide la apertura del PACAE

No es necesario hablar antes con el tutor de clase de tu hijo.
No es necesario reunirse previamente con Dirección.
No es necesario acudir a Inspección Educativa primero.

No es necesario investigar por tu cuenta para obtener información.

El Protocolo de Actuación Contra el Acoso Escolar es un proceso con fases y plazos, de manera que se puede solicitar su activación simultánea o incluso previamente a realizar otros movimientos, y hacerlo como primera medida solo redunda en que el reloj de la administración educativa empiece a contar desde el primer momento.

Para solicitar la activación, en algunas comunidades autónomas como la valenciana es suficiente con que lo solicites de viva voz a un miembro del equipo directivo, mientras que otras, como la de Madrid, requieren rellenar y entregar un formulario específico cuyos modelos están públicamente disponibles.

Mi propuesta es que lo realices cumpliendo con los requisitos de solicitud formal que averiguaste en la fase anterior, de una forma que, además, deje constancia documental de ello.

Si tu PACAE solicita o permite la presentación de un documento como método de petición de activación, ve con dos copias del documento y entrégalo en secretaría solicitando un «registro de entrada» —un proceso mediante el cual rubrican tu duplicado con una confirmación de recepción que incluye sello y fecha, y que demuestra que se ha recibido la petición.

De esta forma, nadie podrá argumentar que el centro no recibió solicitud alguna.

Un correo electrónico no es ni la mitad de bueno como evidencia en caso de que luego tengas que reclamar algo al respecto, pero es mil veces mejor que una conversación de pasillo.

Si te ves forzado a formular la petición oralmente —no debería ocurrir, pero a veces ocurre—, graba la conversación —consulta el consejo de reacción 102 para informarte sobre la legalidad del acto, los motivos de su idoneidad y la ausencia de necesidad de avisar al interlocutor—. No obstante, esta forma de documentación no es la más recomendable, habida cuenta de que, posteriormente, solo se puede utilizar como evidencia ante un proceso judicial, y es posible que haya profesionales, autoridades y entidades ante las que nos gustaría tener pruebas y con las que interactuaremos antes que con Su Señoría —si es que llegamos a este nivel de conflicto.

Si optases por la primera opción y secretaría se negase a dar registro de entrada —no puede, así que si lo hace, graba esta irregularidad también—, tenemos una alternativa: el burofax —consulta el consejo de reacción 024 sobre el uso de esta herramienta como método alternativo, dirigido por terceros y con evidencia de recepción—. Eso sí, emplear esta técnica es bastante impactante para la dirección del centro, que puede considerarlo una hostilidad por tu parte. Llegados a este punto, tú decides si demostrar la falta de confianza y el conocimiento que hay detrás de su utilización ya no puede hacer más daño al defectuoso método de gestión del acoso escolar del centro o si, por el contrario, demuestras con ello que se te debe tener en cuenta y evitar torearte.

En cualquier caso, es posible que, si no había cierto roce en el trato, comience a haberlo a partir de ese momento.

La formalización de la denuncia

Si crees que el caso de acoso hacia tu hijo contiene actos que deban ser puestos ante la justicia —porque quieras exigir una reparación del daño, medidas correctivas fuera del ámbito de Educación o constancia legal de los hechos—, si piensas que las agresiones individuales constituyen conductas ilegales, si opinas que lo que ha ocurrido con tu hijo es el resultado de una crianza perjudicial y peligrosa por parte de los padres de los acosadores o si cuestionas que en todo este asunto haya más gente sufriendo que aún no ha sido debidamente protegida, eleva el caso a instancias judiciales.

Si te decides a adoptar este camino, debes saber qué esperar: un proceso judicial es largo, caro, desagradable y sin garantías de éxito.

En multitud de ocasiones, la gestión de las medidas correctivas propuestas por el juez serán todas de carácter educativo y puestas a cargo del centro —aunque hay algunas probabilidades de que no ocurra así.

Te aconsejo leer el capítulo de aspectos jurídicos del bullying, con el que podrás saber qué tipo de responsabilidades reclamar. **No es cierto que un menor sea inimputable**. A partir de los catorce años afronta un primer rango de punibilidad, y a partir de los dieciséis, un segundo tramo mucho más profundo. Recuerda también que, el hecho de que un menor por debajo de los catorce años no pueda responder en nuestro país ante responsabilidades penales, **no significa que nadie más deba afrontar otro tipo de responsabilidades** generadas por sus actos —por ejemplo, la familia o el centro bajo la vía civil.

En cualquier caso, el primer paso para optar por esta vía —y que puedes dar desde el comienzo— es reportar la situación.

Aquí llegamos a un agujero negro de desinformación en el que, a veces, participan las propias autoridades para desentenderse de su trabajo.

Todo tutor legal pensará que lo primero —y la única alternativa— es acudir a la Policía Nacional —la ODAC, u Oficina De Atención al Ciudadano—, a la Guardia Civil —a alguno de sus cuartelillos— o a la Policía autonómica y presentar una denuncia.

Volvemos aquí al terrible sesgo del superviviente: en ellos encontrarás a multitud de trabajadores públicos diligentes que te ayudarán.

Pero no siempre.

Incluso si fueran una minoría no representativa, hay algunos que intentarán disuadirte de que presentes tu denuncia. Es más, los habrá que te digan que no puedes o que ellos no deben atenderte.

¿El pretexto?

- «Esto no tiene recorrido judicial».
- «Este asunto exige responsabilidad civil y nosotros solo actuamos ante la penal».
- «Al tratarse de menores son inimputables, así que no podemos hacer nada».
- «Son cosas de críos».

Puede tratarse de un trabajador público que realmente se crea lo que te está diciendo porque ha caído en su propia desinformación. Puede deberse a que se quiere ahorrar el trabajo de tomarte declaración. Puede responder a que su propio superior le ha solicitado de modo informal que filtre de esta manera el número de denuncias que gestiona su oficina. O puede incluso que emplee otra excusa disuasoria cuya información sea cierta.

Pero la realidad es la siguiente: **el trabajador público que recibe las denuncias no puede cribar cuáles se presentan y cuáles no**. Debe tramitarlas, aunque le parezcan una pérdida de tiempo. Incluso si de verdad lo son.

Que tu reclamación no tenga recorrido judicial, sea del ámbito civil o simplemente irresoluble es algo que decide un juez, no él.

En cuanto a que al tratarse de un caso de menores no pueden actuar, es totalmente falso o equívoco. Su función es darle curso y hacerla llegar a Fiscalía de Menores, donde el fiscal podrá solicitar actuaciones policiales, investigar la actuación de los agresores o incluso pedir una investigación de carácter social para comprobar la crianza que estos reciben.

Como ya he mencionado, de este proceso puede emanar responsabilidad civil para los padres de los agresores —o incluso para el centro educativo—, así que no se puede emplear la excusa de «contra un niño no» para no tramitar tu denuncia.

No olvidemos que, en menores, el fiscal hace las veces de juez instructor, y la autoridad policial es una más de las herramientas que tiene a su servicio.

De todos modos, yo recomiendo saltarnos al intermediario —y ahorrarnos discutir con él, en caso de que se negase a tramitar la denuncia—, obviando a la Policía Nacional y a la Guardia Civil como tramitadores y presentando el escrito directamente a Fiscalía de Menores.

Es ahí donde notificaremos nuestra descripción de los hechos y adjuntaremos todos los partes de lesiones, informes médicos, certificaciones y comunicaciones que hayas acumulado sobre el caso, aunque te parezcan irrelevantes.

Si la Fiscalía así lo considera, la causa continuará como lo haría cualquier proceso judicial y, por esta vía, esta guía solo habría llegado a acompañarte hasta aquí. A partir de este punto, lo mejor es contar con asesoramiento legal especializado.

Eso sí, recuerda que acudir a la justicia no descarta, invalida o dificulta el proceso en Educación. Son paralelos y se cruzan cuando es necesario a instancias del fiscal de menores.

Si el centro manifiesta que, una vez apelado a otras autoridades, ellos ya no tienen que abrir y/o continuar con el PACAE, mienten —y, con su mentira, de la que habrás registrado evidencia, más se exponen a afrontar responsabilidades por su dejación de funciones.

Un último consejo sobre denunciar el acoso escolar: cuando manifiestes los hechos y como resultado del proceso —si se ha atendido debidamente—, te marcharás a casa con un documento que contiene un código de identificación del proceso. Este número de diligencia es muy importante y debes tenerlo presente.

La justicia es lenta y, sobre todo si has acudido a ella porque el centro educativo no responde, la posibilidad de que se produzcan nuevas agresiones no resulta despreciable. Surgirán nuevos capítulos de esta historia con hechos y evidencias que querrás presentar ante la autoridad judicial.

Atento: **no interpongas nuevas denuncias**.

Que, con el paso de los meses, se haya comenzado varios procesos legales independientes no te da más fuerza.

Al contrario, debes poner al día el histórico del primer procedimiento y hacerlo más pesado.

Esto se consigue acudiendo al lugar de denuncia y solicitando «registrar una ampliatoria a diligencias iniciales».

Ante esta petición, nadie te cuestionará o intentará desecharla. Facilitarás el número de diligencia y cualquier dato o prueba que aportes pasará a formar parte de la causa inicial, actualizando su contenido y engrosando su consideración.

Para que se entienda: un juez de menores no afronta con la misma contundencia siete denuncias de palizas que una denuncia en la que constan siete palizas.

La primera reacción del centro

Este es el momento en el que acudimos a las autoridades educativas esperando de ellas que hagan su trabajo.

Muchas lo harán.

Pero, por si acaso esto no ocurriese, te has preparado para la partida:

- Has adoptado una actitud sosegada, estratega y prevenida.
- Tienes claros tus objetivos.
- Conoces los datos más importantes para identificar si el PACAE no se está desarrollando debidamente.
- Has solicitado de manera oportuna la apertura del expediente, de forma que no pueda ser discutida.
- En caso necesario, el asunto también ha sido puesto paralelamente en manos de la ley.

Es hora de ver qué nos dice el centro ante la petición de que gestionen el presunto caso de acoso escolar contra nuestro hijo.

Esta reunión puede producirse a petición nuestra. También puede suceder durante o justo a continuación de la presentación de la solicitud de apertura. Por otro lado, podrías ser citado antes de la apertura del expediente o como parte del propio protocolo.

Aquí podemos enfrentarnos ante las siguientes posibilidades:

- El centro abre el protocolo. Incluso puede aprovechar para realizar en ese momento alguna de las fases del mismo que requieran de tu colaboración presencial. Genial, procura documentarlo.
- El centro no impide abrir el protocolo. Incluso se compromete a hacerlo. Pero te propone que, antes, te reúnas con el tutor de clase de tu hijo, orientación, la coordinación de bienestar y protección... **Niégate**. Informa de tu predisposición para realizar dichos pasos, pero que los llevarás a cabo paralelamente a que se abra el expediente o dentro de él. Que incoarlo debe ser lo primero.
- El centro te propone solucionarlo todo de manera inmediata —medidas educativas o disciplinarias directas para

los agresores, mediaciones escolares, gestionar un cambio de centro para la víctima según preferencias, etcétera—. **Peligroso**. No lo permitas. Puede parecer tentador, pero estas reacciones, fuera de la guía y del registro evidencial de un protocolo, pueden resultar terriblemente contraproducentes y, sobre todo, no dejan constancia de la verdadera causa. Que se incoe el PACAE y que se llegue a las conclusiones que este contemple en su procedimiento.

- El centro te asegura que no hay motivos para incoar el protocolo. **Falso**. Solo es necesario un motivo para incoar el protocolo: **que tú lo pidas**.
- El centro te asegura que no hay motivos para sospechar de que exista un posible caso de acoso escolar por el que incoar el protocolo. **Falaz**. Justo para localizarlos existe el protocolo. No se puede negar un proceso de investigación sobre unos hechos porque no existan evidencias de estos, si solo se pueden conseguir mediante dicho proceso. Sería un círculo vicioso ridículo.
- El centro te propone esperar a que terminen algunas averiguaciones previas antes de incoar el protocolo. **Negligente**. El proceso mediante el cual realizar dichas averiguaciones es el propio protocolo, y este no contempla fases o actuaciones entre la petición de apertura y esta. Si se solicita, ha de abrirse. Así de claro. Con esta respuesta, lo que realmente está ocurriendo es que el centro quiere ganar tiempo y/o solucionar la situación al margen del protocolo, de forma extraoficial y sin las garantías de actuación y evidenciales que ofrece. No lo permitas.
- El centro te informa de que no puede abrir el protocolo. **Falso**. De hecho, está obligado.
- El centro te informa de que no tiene un protocolo. **Falso**. Todo centro en España tiene la obligación de contar con

un PACAE. Puede tener uno propio, publicado previamente y basado en el propuesto por su comunidad autónoma —con mejoras—, o atenerse al básico, pero están supeditados siempre a este —hay salvedades, como Ceuta y Melilla, que no disponen de uno a nivel autonómico. No obstante, sus centros también están obligados a contar con uno propio.

- El centro te indica que, para abrir el protocolo, tienes que recurrir a una de las incoaciones alternativas, presentando la solicitud a otra entidad. **Falso**. Las incoaciones alternativas son, como su propio nombre indica, una opción. El centro no puede negarse porque existan otros caminos para abrir el expediente.

- El centro simplemente se niega a abrir el protocolo. **Dejación de funciones**. A partir de este momento, deberás responsabilizarlo de todo lo que le ocurra a tu peque.

Siendo sincero, solo hay una opción correcta: la primera.

En caso de que se dé cualquiera de las restantes, debes manifestarte en contra e insistir en la apertura.

Si se bloquea, cuento con que, siguiendo mis consejos anteriores, hayas documentado esta respuesta.

En cualquier caso, solicita de inmediato que te pongan dicha negativa por escrito. Esto no es una cuestión de inocencia por mi parte. Obviamente, si son tan negligentes como para negarse a incoar un PACAE estando obligados, lo serán como para negarse a dejar prueba escrita de ello. En realidad, este es otro paso en nuestra estrategia: al no querer realizar el escrito, estarán cometiendo más errores que habrás documentado.

Si te marchas del centro con el protocolo sin activar, vuelve a hacerles llegar un comunicado con certificación de recepción —de menos útil a más: correo electrónico, registro de entrada en secretaría o burofax— que manifieste tu desacuerdo con su negativa a abrirlo, informando de que están obligados y de que los considerarás responsables dolosos de cualquier daño que sufra tu hijo desde ese instante en adelante.

Te toca mover ficha.

Acude a alguna de las medidas de incoación alternativa si las contempla el PACAE o directamente a Inspección Educativa.

Recuerda que esta será otra conversación de cuyo contenido querrás tener evidencia.

Mi hijo corre peligro

En general, los PACAE de España contemplan un apartado específico que expone una serie de medidas de protección extraordinarias para salvaguardar a la presunta víctima, así como los requisitos que han de darse para que se implementen —y, llegados a este punto, ya lo habrás estudiado.

Entre estas medidas, y de manera tradicional, como propuesta en los diferentes protocolos de España, nos encontramos habitualmente estos ejemplos:

- Cambio en la distribución del aula.
- Vigilancia extra por parte del personal docente en zonas comunes y de tránsito.
- Cambio temporal de grupo de los supuestos agresores.
- Suspensión temporal del derecho de asistencia de los supuestos agresores.
- Reporte por parte del centro de posibles conductas ilegales a las Fuerzas y Cuerpos de Seguridad del Estado, lo soliciten y consientan las familias o no.

Por supuesto, hay medidas mucho más efectivas, compatibles con su implementación en un centro educativo y muy útiles, pero muy mal recibidas entre los trabajadores afectados.

En una ocasión observé estupefacto cómo un equipo directivo implicado con la protección de la presunta víctima de un expediente —particularmente peligroso— cambiaba a su supuesto acosador a otro grupo del mismo curso —mientras que el perjudicado se quedaba en quinto A, trasladaron al agresor a quinto B—, además de desplazar media hora todo el horario de este último grupo.

De esta forma, si la primera sesión de quinto A era a las ocho de la mañana, quinto B no empezaba sus clases hasta las ocho y media. Si el alumnado de quinto A acababa su jornada a las dos de la tarde, los de quinto B no finalizaban hasta las dos y media.

Así, el equipo directivo conseguía que acosador y víctima no se cruzaran, no solo en el aula, sino en los pasillos durante las entradas, las salidas y en el trascurso de los cambios de hora y clase del alumnado.

Lamentablemente, las quejas del claustro sobre los injustificados cambios de horario de sus clases, los huecos perdidos de treinta minutos sin poder impartir y no computados como horas lectivas y las salidas retrasadas obligaron a Dirección a deshacer la medida más efectiva de aislamiento intracentro que he presenciado jamás.

Esta estrategia puede llevarse a la práctica de manera optimizada, empleando los tramos «perdidos» como horas complementarias destinadas a la vigilancia del acosado, camufladas mediante el papel de un profesor de refuerzo en su aula. Pero mucho me temo que seguiría siendo impopular entre el profesorado.

Aunque no deja de ser una muy buena propuesta, me gustaría ofrecerte un conjunto de tácticas que proponer al centro y que, a pesar de no provocar demasiada resistencia por parte de los trabajadores que tendrían que implementarlas, ya han demostrado ser de mucha ayuda en el pasado:

- **Protocolo de ausencia de profesorado 0:** esta instrucción establece que ningún profesor debe abandonar el espacio escolar —aula, patio, instalación deportiva, etcétera— en la que se encuentre la víctima y que tuviese asignado por horario hasta que su reemplazo llegue. Incluso si el relevo llega tarde —o no aparece—. Esto quiere decir que, si a primera hora tocaba inglés con el grupo del acosado, la profesora de inglés no se marchará del aula cuando suene el timbre que señala el principio de la segunda hora, sino cuando llegue el profesor que imparte a segunda hora. Es responsabilidad de este último llegar a tiempo, y no se considerará culpa de la docente que dicho retraso, de producirse, se propague a la siguiente clase que le tocaba. Es una medida incómoda, reduce los tiempos de pasillo y genera una situación de vigilancia intensa por parte del profesorado, pero, de esta manera, la posibilidad del bully de encontrar un momento al margen de la vigilancia de los adultos para perpetrar sus agresiones se reduce a la mínima expresión.
- **Suspensión temporal de horario para el supuesto agresor:** durante los días necesarios para implementar el protocolo, cualquier servicio escolar del denominado como horario extendido y que estuviera al margen de la vigilancia del claustro —comedor, transporte, etcétera— queda cancelado para el bully. Si esto genera la imposibilidad de asistir a clase, se puede apelar a una suspensión temporal y cautelar de su derecho a asistencia mientras se desarrolla el expediente. Es importante recalcar que el centro no suele estar obligado a explicar a la familia a qué

obedece dicha suspensión —más allá de «estamos analizando una crisis de convivencia que requiere que el profesorado a cargo pueda actuar sin tener que vigilar a los participantes», evitando especificar quiénes son los implicados y cuáles son sus roles en la cuestión.

- **Refuerzo de guardias en puntos ciegos:** accesos al patio, puertas de salida, vestuarios, baños, zonas de deporte, transporte y escaleras son los típicos lugares y momentos empleados por los acosadores escolares para ejercer sus agresiones. Requieren de especial vigilancia, y es posible colocar extraordinariamente a docentes de guardia en zonas estratégicas empleando sus horas complementarias. Si los sitios con mayor cantidad de antecedentes de agresiones requieren de intimidad por parte de los usuarios, el profesor, más que vigilar desde dentro el comportamiento del alumnado, podrá quedarse en el acceso, regulando la entrada y la salida de los estudiantes y bajo aviso, a fin de evitar a toda costa que acosador y víctima coincidan en el interior.

Ahora, hablemos claro:

- Si el caso de tu hijo cumple con el perfil previsto en el PACAE y, aun así, no se activan las medidas de protección extraordinarias.
- Si el centro educativo se ha negado a incoar el protocolo y estás esperando una alternativa o a que Inspección Educativa realice el trabajo.
- Si ya se ha abierto el expediente, pero consideras que tu pequeño está en riesgo de sufrir actividades delictivas.
- Si ya se ha activado la protección, pero te parece evidente que tu hijo está expuesto a recibir un daño inminente y considerable o no reversible.

- Si tienes la más mínima duda de que tu hijo pueda haber alcanzado un estado emocional tan alarmante como para que la angustia de acudir a clase sea mayor que la de dejar de vivir.
- O si llegas directamente a la conclusión de que peligra la vida de tu hijo.

Sin medias tintas: **¡no lo lleves al centro!**

Así de claro.

Que permanezca en casa hasta que la situación se resuelva o mejore considerablemente. Son demasiados los niños que, llevados por el terror a volver a pisar su aula, deciden acabar con su sufrimiento con el peor de los desenlaces.

La relación entre ser víctima de bullying y el suicidio infantojuvenil, **la mayor causa de mortalidad infantil en España,** está más que probada.

Existen registros de que al estudiar al alumnado de entre cuarto de primaria y cuarto de secundaria, el 20,4 por ciento de las víctimas declaran haber intentado quitarse la vida alguna vez —Díaz-Aguado, *et al.* (2023)—. Este porcentaje aumenta al 24,9 por ciento cuando hablamos de ciberacoso.

Si intentamos descubrir la relación entre el acoso escolar y el suicidio infantojuvenil a la inversa —cuántos de entre los menores que recurrieron a la autolisis habían padecido bullying previamente—, no localizaremos en nuestro país a una entidad investigadora con redaños para publicar el terrible dato que solo hallamos acudiendo a The American Academy of Pediatrics: el **78 por ciento del suicidio infantil tiene un vínculo directo con el acoso escolar.**

Bajo la sospecha, ni un paso atrás.

Cuando la vida de un niño está en juego, no hay margen para la duda, la espera o la burocracia. Si tu hijo está en peligro, si sufre acoso escolar y las medidas no se activan, si la angustia de ir a clase lo sume en un abismo del que no ve salida..., llévatelo del centro de inmediato.

No esperes a que un protocolo mal aplicado o la inacción institucional conviertan el miedo en tragedia.

No hay excusas.

No hay lugar para la indecisión.

Si la escuela no es un entorno seguro, si tu hijo está en peligro, actúa hoy. No dejes que el miedo hable más fuerte que la razón. **El peor desenlace siempre es el que se torna irremediable cuando se pudo evitar.**

El centro contraataca

Ya van demasiadas veces en las que ante la idea de que su negligencia quede en evidencia, la insistencia de la familia de la víctima y la intervención de instancias superiores, el centro educativo decide usar como amenaza la intervención instrumental y disuasoria de Servicios Sociales por la ausencia prolongada del menor.

Hablemos claro de nuevo: salvo en algunas comunidades autónomas con un profundo problema sistémico en sus servicios de protección al menor, la mayoría de las entidades de Servicios Sociales están plagadas de profesionales que creen en lo que hacen y que, de intervenir, lo harán para echarte una mano en el proceso.

Su mención por parte del centro educativo es un farol que funciona muy bien.

En general, y salvo para Cataluña, la participación de los servicios de protección del menor es una noticia que debe ser celebrada por parte de las familias de los agredidos.

Pero es oír su mención y a muchos tutores legales les tiemblan las piernas.

Para utilizarlos como herramienta de intimidación, las autoridades educativas negligentes podrían abrir un expediente de absentismo con el que intentar coartar tus actos.

Aquí te dejo una solución eficaz para evitar que este tipo de amenazas se vuelvan efectivas:

1.º: *Visita a un terapeuta privado*

Objetivo: obtener un primer informe profesional que deje constancia de la situación y, sobre todo, que prepare el camino para las siguientes actuaciones.

Cómo hacerlo: difícilmente encontraremos una víctima de acoso escolar que no haya desarrollado ansiedad ante la idea de acudir al centro educativo en el que es torturada de forma sistemática. Es por ello que centraré la guía en la ansiedad —al ser la causa más común—, pero no deberás descartar otro tipo de síntomas psicológicos —como el pensamiento autolítico, de darse— y que sumarían más peso al diagnóstico. De manera que explicaremos al terapeuta todos los hechos que han formado parte del acoso y las reacciones del menor —ansiedad, pánico, ideación suicida si la hay, autolesiones, etcétera—. Pide al terapeuta que, en su informe, sea claro al relacionar el sufrimiento del menor con la asistencia al colegio —por ejemplo: «empeoramiento al acudir al centro».

Qué no hacer/decir: no des diagnósticos por tu cuenta —«Creo que mi hijo tiene ansiedad»—. Mejor describe lo que observas —«Llora de forma incontrolable, no duerme bien, se le acelera el pulso, le cuesta respirar, mueve mucho las manos, no mantiene la mirada, hiperventila...»—. No ocultes datos cruciales —como autolesiones o manifestaciones del menor relacionadas con su propia muerte—. Todo ayuda a reforzar la gravedad del caso. Pero no pienses que constituirá un bloqueo para esta guía que no sucedan todos esos síntomas a la vez: la conclusión de que sufre ansiedad es más que suficiente.

Resultado: un informe del terapeuta contundente y que deja evidenciada la correlación entre ir al colegio y la posibilidad de un riesgo para la estabilidad psicológica del menor. Con algunas administraciones educativas, este documento será suficiente para saltar al cuarto paso, pero no te recomiendo que lo hagas.

2.º: *Acudir a urgencias en caso de «crisis»*

Cuándo: ante una nueva crisis grave —ataque de pánico, intento de autolesión, bloqueo total, etcétera. Si ha habido ideación suicida en algún momento, no es necesario esperar a que se produzca una nueva crisis para cumplir con este paso, se acude directamente en cualquier momento, incluso encontrándose el menor en aparente buen estado de ánimo—. No esperes a tener cita con otro especialista: ve de inmediato a un hospital donde haya psiquiatría infantojuvenil de guardia.

Qué decir al personal de urgencias: describe con detalle la crisis que ha sufrido el menor —qué ha pasado, cuánto ha durado, si ha habido autolesiones, etcétera—. Explica que «estos episodios se agravan o se disparan cuando se plantea ir al colegio». Enseña el informe previo del terapeuta privado, para que constaten la correlación entre el acoso y el deterioro en su salud mental.

Qué NO hacer/decir: no uses términos médicos —«Tiene ansiedad», «está depresivo»—. Di concretamente: «Se pone a hiperventilar, no para de llorar, dice que quiere hacerse daño...». No te limites a decir: «Está mal por el colegio», necesitas detallar conductas y sus intensidades.

Resultado: de manera habitual, urgencias elaborará un parte de psiquiatría o un informe de alta en el que se especifique la crisis y, a menudo, la recomendación de evitar la exposición al factor desencadenante —el colegio—. Este documento refuerza enormemente la justificación de que el menor no puede asistir al centro. En muchas administraciones educativas, incluso con profesionales predispuestos negativamente, este segundo documento, acompañado del primero, será más que suficiente para saltar al cuarto paso, pero no te recomiendo que lo hagas.

3.º: *Pedir informe al pediatra/médico de cabecera*

Presentar informes previos: lleva contigo a la cita, tanto el informe del terapeuta privado, como el parte de urgencias. Remarca la relación clara entre «asistir al colegio» y «el empeoramiento de su estado emocional/físico». Solicita un informe oficial que diga algo del estilo: «Se recomienda la no asistencia temporal al centro escolar por riesgo para la salud psicológica —o mental— del menor, a la espera de evaluación y seguimiento en Salud Mental». Debe quedar constancia de que el pediatra considera que la escolarización presencial supone un agravamiento del cuadro.

Qué decir: vuelve a describir los síntomas que has visto —llantos incontrolados, espontáneos y sin aparente justificación, movimientos exagerados de las manos, dificultad para mantener la mirada, problemas para dormir, pulso acelerado, dificultad respiratoria, hiperventilación, dolores de cabeza, bloqueos, ausencias, náuseas, dolores de tripa, pensamientos sobre su propia muerte, autolesiones, ideación suicida, etcétera—. Recalca que el terapeuta y el psiquiatra de urgencias han visto indicios de peligro claro. Es el momento oportuno de pedir una derivación formal a Salud Mental Infanto-Juvenil para un seguimiento especializado. Esto, si bien no es imprescindible para el objetivo de este subcapítulo —evitar el uso disuasorio de Servicios Sociales por parte del centro educativo mediante un expediente de absentismo—, refuerza el carácter médico del problema y da continuidad al diagnóstico y tratamiento del menor. Además, daño no le va a hacer, y suele conformarse como un gran apoyo para su recuperación.

Resultado: un informe médico de pediatría o del facultativo de cabecera que, al ser un documento oficial, es de gran peso para justificar el absentismo ante el colegio.

4.º: *Justificar ante el centro para evitar un expediente de absentismo*

Entrega de informes: con —preferiblemente— los tres documentos —informe del terapeuta privado, de urgencias de psiquiatría y del pediatra o médico de cabecera— ya tienes un respaldo muy sólido. Envía copias al centro educativo, a ser posible por registro de entrada o con acuse de recibo.

Qué decir: «Adjunto informes médicos que indican que la asistencia al centro educativo puede suponer un riesgo para la vida/la salud de mi hijo». Deja claro que no te niegas a continuar con su educación, sino que tu prioridad es asegurar que no empeore su estado. Propón continuidad online asíncrona e informa sobre tu predisposición a encontrar alternativas de escolaridad en casa.

Anticiparte al absentismo: si no puedes tener acceso a los datos de seguimiento de asistencia diarios de tu hijo mediante alguna plataforma o aplicación que el centro o la Consejería de Educación competente haya proporcionado a las familias, cada vez que el menor falte, justifica la ausencia por escrito —e-mail o similar—: «Siguiendo las indicaciones de los profesionales de salud, proporcionadas al centro en fecha X, mi hijo no asistirá a clase hoy». En caso de disponer de la herramienta de seguimiento, este paso solo deberás realizarlo cada vez que un docente le señale una falta justificada al pasar lista.

Cómo invalidar la «jugada» de la intimidación: si el centro amenaza con «abrir un expediente de absentismo» —por ejemplo, mediante apercibimientos—, responde con los informes como prueba de que «no es un absentismo injustificado, sino una cuestión médica». El centro no puede tratar de absentista a un alumno que presenta una prescripción médica clara.

5.º *Si resultase necesario, contactar con Inspección Educativa*

Cuándo: al margen de posibles contactos paralelos para la gestión del PACAE con el inspector, si el colegio insiste en considerar las faltas de tu hijo como «injustificadas» pese a los informes médicos, te llegan apercibimientos o recibes presiones o amenazas sobre Servicios Sociales.

Qué aportar: copia de todos los informes médicos —privado, urgencias, pediatra/cabecera— y correos o notificaciones de presentación de justificantes al centro donde comunicas que las faltas tienen un respaldo médico profesional.

Qué decir: «El centro amenaza con un expediente de absentismo, pero esto incumple mi derecho a proteger la salud de mi hijo según las recomendaciones médicas adjuntas». Solicita a Inspección Educativa que oriente al centro o que intervenga para que reconozca la causa justificada.

Resumen:

- Visita a un terapeuta privado.
- Describe siempre síntomas en lugar de ofrecer diagnósticos propios.
- Reconoce que la ansiedad —u otros síntomas— se agravan al ir al centro educativo.
- Solicita un informe del profesional privado que relacione el malestar con el entorno escolar.
- Acude, con el informe anterior, a urgencias psiquiátricas si se produce una crisis grave.
- Consigue del psiquiatra de guardia un nuevo informe que relacione la asistencia a clase con el empeoramiento, pero, esta vez, emitido por un trabajador público.
- Pide cita con el pediatra o médico de cabecera de tu hijo.
- Acude, cuéntale todo lo ocurrido y solicita un seguimiento por el especialista de Salud Mental Infanto-Juvenil.
- Solicita al pediatra o al médico de cabecera que te haga un informe que indique la necesidad de proteger al menor del entorno educativo.
- Avisa al centro educativo de la situación mediante un canal con acuse de recibo.
- Insiste en la justificación de posibles faltas injustificadas.
- Si el centro amenaza con abrir o abre un expediente de absentismo, solicita amparo a Inspección Educativa.

No hay nada en esta propuesta de actuación que, en condiciones normales, pueda conllevar un menoscabo a tu hijo. De hecho, hay muchas consecuencias positivas de estar debidamente atendido por Salud Mental cuando se está sufriendo acoso.

Este proceso es relativamente rápido, genera una garantía que puedes conseguir y no utilizar si el centro no actúa de manera artera y conlleva pocos costes.

Sería posible obviar el primer paso para evitar satisfacer los honorarios de un terapeuta privado, pero la realidad es que, ir directos al segundo paso sin el informe de este volvería menos probable que podamos guiar las conclusiones del psiquiatra de urgencias para que deje constancia de la relación entre la asistencia a clase del menor y su perjuicio.

Cómo afrontar la posible pérdida de clase

Que tu hijo se vea forzado a faltar a clase por su salud mental, el tratamiento necesario a posibles lesiones o como método de protección no por fuerza ha de implicar que se quede rezagado en su itinerario escolar.

Antes de empezar, deja claro al equipo educativo del menor —los profesores que le imparten clase— y al equipo directivo del centro tu predisposición por mantener al pequeño al día con sus obligaciones escolares.

Y hazlo... como ya sabes, de una manera que deje constancia.

Si el centro no pone de su parte para que esto funcione, no te preocupes. Su colaboración era el menos necesario de los factores.

Hay mecanismos de continuidad de las clases disponibles para casos de enfermedad extrema o imposibilidad de desplazamiento. Para conseguir estas herramientas, solicítaselas al inspector de educación.

Aporta las pruebas de que el colegio se niega a colaborar con el desarrollo académico del menor a distancia.

En el peor y más improbable de los casos —que Inspección sea parte del problema en lugar de la solución—, no desesperes: cuando un alumno se ausenta mucho, lo primero que pierde es el derecho a la evaluación continua, no la escolaridad.

Es una pena tener que recurrir a esto, pero al menos no es un callejón sin salida. Perder la evaluación continua no significa perder el curso.

Solicita a los profesores de tu hijo una copia de la programación de las asignaturas que cursa —o accesos por enlace a donde estén publicadas—, y consulta la sección que debe constar como «Evaluación alternativa a la evaluación continua». Es en este apartado donde se debe especificar qué tareas y pruebas debe afrontar un alumno que haya perdido la evaluación continua para aprobar el curso.

Hackeando el PACAE

Llegado a este punto, conoces las fases del protocolo, sabes en qué consisten y de qué plazos dispone el centro.

Cuando, en el contexto de esta obra, hablamos de «hackear» el PACAE, no nos referimos a acciones de piratería o intrusiones ilegales o malintencionadas. Más bien aludimos a la idea de conocer tan profundamente cada fase y procedimiento del protocolo que seamos capaces de utilizar esa información de manera estratégica y efectiva en beneficio propio —por consecuencia, del menor involucrado—. Dicho de otro modo, «hackear» significa entender cada detalle, cada plazo y cada mecanismo del PACAE con el fin de emplearlos de forma adecuada con pericia para exigir el cumplimiento de los derechos y garantizar así la mejor protección para tu hijo.

Si el centro resulta ser un ejemplo de malos protectores, justo lo contrario a la mencionada pericia de implementarlo debidamente, abundarán los errores, las negligencias y las omisiones.

No pierdas la calma. Si la autoridad educativa no sabe proteger a tu hijo, ya te he dado herramientas para apartarlo del día a día dañino y, además, cada vez que cometan una irregularidad te estarán dando más poder, más piezas en tu lado del tablero.

Te aconsejo las siguientes estrategias:

- Lleva una lista de cada negligencia, error y omisión cometida desde el centro.
- Especialmente, las de incumplimiento de plazos.
- Menciónales dichos incumplimientos cuando les recuerdes que otro plazo se acerca a su fin.
- Cuando se sientan poco proclives a atender tus peticiones, recuérdales el resto de errores y tu predisposición por mostrarte comprensivo, pero dejando claro que la actuación debe ser recíproca y que esperas la misma buena predisposición por su parte.
- Si resulta imposible contar con la buena disposición del centro, renuncia a ella y céntrate en sepultar a Inspección Educativa con las pruebas documentadas de su mala praxis.

Qué debes esperar

El Protocolo de Actuación Contra el Acoso Escolar busca, ante todo, promover una respuesta educativa que frene el acoso y proteja a la víctima. Sin embargo, no siempre nos encontramos con un desenlace plenamente satisfactorio. La intención de la norma es más pedagógica que punitiva, de modo que las expulsiones y otras medidas disciplinarias no siempre son la primera opción.

Aun así, el objetivo sigue siendo claro: detener el hostigamiento, salvaguardar al menor afectado y restaurar su condición de igual dentro del entorno escolar.

En este texto, exploraremos las implicaciones de estas medidas, las posibles acciones correctivas y la importancia de valorar adecuadamente el grado de deterioro de la dinámica en el aula, para que tus esperanzas no se vean frustradas ante unas expectativas poco reales.

Te traigo conclusiones no siempre satisfactorias, pero conclusiones, al fin y al cabo:

- El PACAE pretende brindar una medida educativa, no disciplinaria o correctiva. De él no se derivan por fuerza sanciones para el acosador, incluso cuando se confirma el diagnóstico de acoso escolar. Así que, si todo funciona de la mejor manera posible, no esperes expulsiones. Es de suponer que se propongan intervenciones didácticas que deben garantizar:
  - o El cese del acoso.
  - o La protección del acosado.
  - o La restauración de su estatus de igual en clase.
- Si el PACAE no es correctamente implementado y si tanto el agresor como su familia se niegan a intervenciones educativas, entonces se vuelve posible que se lleven a la práctica sanciones más relacionadas con correctivos disciplinarios. Esto es importante saberlo, porque hay centros que, ante la imposibilidad de aplicar las primeras, dan por cerrado el caso «sin solución», olvidando las segundas. Entre las medidas correctivas a agresores de acoso escolar, en los PACAE de España encontramos propuestas como:
  - o **Expulsión temporal disciplinaria**: la suspensión al acosador del derecho de asistencia al centro docente por un periodo de once a veinte días lectivos sin pérdida de la evaluación continua, siempre que este realice determinados deberes o trabajos bajo el control del

profesor o profesora que se designe a ese efecto por el centro.

o **Pérdida temporal o permanente de privilegios del curso:** la suspensión al acosador del derecho a participar en las actividades extraescolares o en las complementarias fuera del centro docente, o del derecho a utilizar el servicio de transporte escolar o el servicio de comedor, durante un periodo que puede llegar hasta la finalización del año académico, cuando el acoso escolar haya tenido lugar con ocasión de la realización de las mencionadas actividades o servicios.

o **Expulsión precautoria permanente del curso:** la inhabilitación del acosador para cursar estudios en el centro en el que se cometió la conducta gravemente perjudicial por el tiempo que reste hasta la finalización del curso escolar.

o **Expulsión permanente revisable:** la inhabilitación definitiva del acosador para cursar estudios en el centro donde se realizó el acoso escolar. En este caso, el Consejo Escolar del centro podrá acordar la readmisión del alumno o de la alumna para un nuevo curso, previa petición y comprobación de un cambio positivo en su actitud.

- Al margen de cualquier medida adoptada y de que la diligencia del centro sea ahora extrema, hay una triste realidad que debes tener en cuenta: las más competentes autoridades de referencia en el acoso escolar nos avisan de que, de haber llegado a la tercera fase de su desarrollo, las dinámicas tóxicas sociales del aula han degenerado tanto que se han vuelto crónicas e irrecuperables.[23] No hay

23. Piñuel, I. y A. Oñate, *Mobbing escolar: Violencia y acoso psicológico contra los niños, op. cit.*

prácticamente nada que se pueda hacer para garantizar que los implicados —testigos y víctimas incluidas— salgan de su tendencia cognitiva y conciban al acosado como algo distinto a la figura caricaturizada en la que lo han convertido. Solemos oír a familias indignadas ante el triste escenario de «cambiar a la víctima de centro en lugar de cambiar al bully», pero la realidad es que, dependiendo del grado de decadencia al que se haya permitido llegar al asunto sin la debida respuesta, el cambio de escenario y de grupo social de iguales —a uno no contaminado por la inercia epistémica— es lo más beneficioso para el perjudicado.

- Si el caso se ha detectado y atendido a tiempo, si aún restan esperanzas de que la situación sea recuperable o si simplemente quieres dar una oportunidad al centro, debes recordar que, tras las medidas educativas —y, de haberlas, correctivas—, al expediente no se le da carpetazo y se archiva en un cajón oscuro para acumular polvo por el resto de los tiempos. Los protocolos incluyen fases de seguimiento. No solo del cumplimiento de las medidas, sino de los efectos de estas y del cambio producido por la intervención. Si vuelven a producirse agresiones, no permitas que te digan que no se puede hacer nada más —o, peor, que debe instanciarse un nuevo PACAE, con toda la duplicidad de pasos y bajo el riesgo de que, esta vez, el diagnóstico «se considere» otro—. Insiste en que lo que debe hacerse es reabrirse el expediente anterior y tratar las nuevas evidencias como una continuación del caso y un posible fallo en el seguimiento del expediente.

El PACAE —cuando se aplica con rigor— ofrece una hoja de ruta para abordar el acoso escolar desde la perspectiva educativa, y solo recurre a medidas disciplinarias más contundentes si resultan necesarias.

Pese a ello, es crucial entender que, si las dinámicas en el aula han llegado a un punto de degradación avanzado, el cambio de entorno para la víctima puede ser la salida más beneficiosa.

Por último, no debemos olvidar la importancia de las fases de seguimiento: revisar si las intervenciones han surtido efecto y, de ser necesario, reabrir el expediente para corregir fallos y garantizar la protección del menor.

Con ello, el protocolo no se limita a servir de comodín teórico para que la autoridad educativa pueda asegurar haber hecho su trabajo, sino que permanece activo y en constante evaluación para lograr su fin primordial: **proteger a quien sufre el acoso, reeducar a quien lo ejerce y prevenir nuevos episodios.**

9

¿Y si mi hijo es el bully?

Detectar que un hijo es un acosador escolar puede ser impactante y desalentador para cualquier tutor legal. Sin embargo, reconocer esta realidad y actuar de forma responsable es esencial, tanto para cumplir con los deberes legales como para ayudar al menor a superar las causas que lo llevan a cometer estos actos.

A continuación, se detalla un conjunto ampliado de acciones que los tutores legales deben llevar a cabo en esta situación:

Cumplimiento de la obligación como tutores legales

En ocasiones, resultará tentador intentar solucionar estas situaciones sin apelar a «lo oficial».

No es buena idea.

Recuerda que tus obligaciones como tutor legal te instan a:

a) Reconocimiento de la situación: es fundamental aceptar los hechos con madurez, sin negar las evidencias o justificar el comportamiento del menor. Negar la realidad solo perpetuará el problema y podría agravar las consecuencias legales y sociales. Evita mensajes del estilo «son cosas de niños» o «es una tontería sin importancia» y asume la gravedad de los hechos.

Incluso si los ataques en los que ha participado tu hijo son «poca cosa» individualmente hablando, son parte de un programa de tortura sistemática. Supongo que sí que comprendes la gravedad de algo tan preocupante.

b) Participación activa: los tutores tienen la responsabilidad de involucrarse en las medidas establecidas por el centro educativo y por el marco legal vigente para abordar el acoso escolar. Esto incluye mantenerse informados sobre las normativas locales y los protocolos aplicables. Estudia el PACAE de tu comunidad. No solo está para atender al alumnado que sufre el acoso, también es la vía para tratar al que lo provoca.

c) Cumplimiento de medidas: si se establecen medidas educativas o correctivas para el menor, estas deben ser cumplidas con seriedad y supervisadas por los tutores legales. Este seguimiento es crucial para garantizar que las acciones sean efectivas y para mostrar compromiso ante la comunidad educativa. Tú, que lo conoces bien y sabes qué factores afectan más o menos a tu hijo —y cómo—, podrías incluso hacer propuestas de medidas educativas dirigidas a él de manera que estén especialmente personalizadas para que resulten mucho más significativas. Recuerda, en muchos PACAE, negarte a las medidas educativas implica como desenlace la implementación de medidas disciplinarias. No te niegues por defecto a las propuestas que realizará el centro para educar a tu hijo, pues solo conllevará peores consecuencias y, al fin y al cabo, si está en esta situación es porque necesita ser educado. Mejor que formes parte de ello.

Cumplir con estas obligaciones no solo demuestra nuestro compromiso legal, sino también nuestro empeño en solucionar el problema desde la raíz. Veamos ahora cómo podemos acompañar al menor, ayudándolo a transformar sus conductas y a desarrollar valores que prevengan futuros episodios de acoso.

Ayuda al menor para superar su condición de acosador

Entender que el menor necesita reeducación y apoyo es fundamental para cortar de raíz el comportamiento acosador. En este bloque, profundizaremos en las pautas y los consejos que posibilitan esa transformación, priorizando siempre el bienestar de la víctima y la rehabilitación del agresor.

Recuerda las premisas de esta obra y, en base a ellas, entiende la situación desde la siguiente perspectiva:

- Tu hijo no es «malo» por ser acosador.
- Esto no justifica en absoluto los actos de tu hijo.
- Los actos de tu hijo sí que son «malos».
- La situación es grave.
- No busques una única causa para «explicar» por qué ha ocurrido: el bullying es un tema multifactorial y no hay un único responsable.
- Tu hijo tiene un problema. Puede tratarse de una patología mental de consideración —como las relacionadas con la psicopatía, sociópata, el narcicismo, etcétera, en un porcentaje muy pequeño de los casos— o por una autoestima intrínseca deteriorada. Sea cual sea la causa, debe ser atendida y afrontada no solo por el bien de su víctima.
- Tu hijo no está bien educado. Ya sea porque has hecho mal tu tarea de crianza, porque la han malogrado los allegados que participaban en ella o por influencias —externas a los tutores legales— que han condicionado a tu hijo, está éticamente mal formado. Asúmelo. Salvo serios problemas mentales de por medio, nadie que ha recibido

una crianza mínimamente efectiva y al que se le han inculcado valores morales, cívicos y éticos tortura a una persona.

- Que tu hijo lleve a cabo estas agresiones es intolerable, sin importar el tipo o la intensidad de estas.
- Las agresiones de tu hijo deben parar de inmediato porque la prioridad absoluta es proteger a la víctima de los actos de tu hijo.
- Pero, una vez cumplido este paso, tu prioridad debe ser reeducar a tu hijo para que adquiera el mínimo de valores morales, cívicos y éticos que necesita cualquier individuo para comportarse como un ser humano que no constituya una amenaza.
- No puedes comenzar la reeducación de tu hijo para que supere sus usos de la violencia con violencia.

Pongámonos manos a la obra:

1. **Creación de un entorno positivo:** en casa, es esencial fomentar un ambiente donde el menor se sienta seguro, escuchado y valorado. Evita actitudes autoritarias excesivas o permisivas que puedan reforzar conductas inadecuadas. Proporciona un espacio de apoyo emocional y asegúrate de que el menor entienda que puede aprender y crecer a partir de sus errores. No recibas el descubrimiento con ira. Que tu hijo comprenda que sus actos son intolerables, pero no le hagas daño por ello —a ningún nivel—. Deja claro que la postura con la que lo vas a afrontar es resolutiva y constructiva. Ante su acoso escolar, la prioridad no es castigar sus errores, sino detener las agresiones y rehabilitar al agresor.
2. **Evaluación de las causas:** identifica si existen problemas subyacentes, como baja autoestima intrínseca, presión

social, frustraciones personales o falta de habilidades emocionales que puedan estar motivando —que no justificando— el comportamiento acosador.

a) Realiza una revisión del entorno familiar para detectar posibles factores contribuyentes, como falta de límites claros, dinámicas conflictivas o negligencia emocional.

b) El menor no debe ser testigo de relaciones asimétricas entre iguales dentro de su propio núcleo familiar. A veces, las relaciones disfuncionales o abusivas entre los padres de un menor pueden acabar ofreciendo ejemplos de patrones tóxicos para con los demás —que el menor decida replicar con terceros, fuera del hogar, en forma de acoso escolar.

c) Observa cómo tu hijo interactúa con sus pares y adultos para identificar patrones de conducta que refuercen su rol de acosador.

d) Ayúdale a reflexionar sobre las consecuencias de sus actos y a asumir la responsabilidad de los mismos. Esto incluye enseñarle a identificar patrones de pensamiento y acción que puedan ser perjudiciales.

e) Ante él, no hagas distinción alguna entre ser autor intelectual del acoso o llevarlo a la práctica, ni entre ser el instigador, el líder, el planificador, la mano ejecutora o la que aplaude.

3. **Fomento de valores:** enseña y refuerza valores como el respeto, la empatía y la tolerancia, creando una dinámica familiar constructiva en el hogar. También puedes realizar actividades en casa que promuevan la cooperación y el trabajo en equipo. Además, considera inscribir al menor en actividades extracurriculares que fomenten la colaboración, el respeto mutuo y la construcción de relaciones saludables. Este tipo de actividades también

ayudan al desarrollo de habilidades sociales positivas, esenciales para una convivencia armónica.

4. **Inculca responsabilidad:** ayuda al menor a comprender el impacto de sus actos en la vida de las víctimas, alentándolo a asumir la responsabilidad de sus acciones y a trabajar en su redención. En este proceso, también resulta importante educarlo sobre el uso responsable de las TIC, especialmente si el acoso incluye ciberacoso.

5. **Monitoriza el progreso:** consulta con los docentes que le dan clase y con Orientación si se empieza a materializar un cambio efectivo real en la actitud de tu hijo. Calcula, en base a las respuestas, qué medidas producen un efecto más visible y cuáles no. Supervisa sus interacciones digitales para prevenir futuros incidentes y refuerza la importancia de comportarse con integridad también en los entornos virtuales.

6. **Acceso a profesionales:** consulta con psicólogos, pedagogos u otros especialistas que puedan trabajar con el menor para modificar las conductas negativas y desarrollar una autoestima saludable. Este apoyo puede incluir terapias individuales, grupales o familiares. Un bully lo es en algunos casos por severas dolencias mentales. En la gran mayoría restante, se debe a un serio problema de autoestima intrínseca. Cualesquiera de estas dos fuentes de ignición se verá debidamente atendida con terapia, así que acude a ella sin dudar.

7. **Restaura su autoestima:** en un gran porcentaje de los pocos casos en los que la familia del menor agresor decide actuar contra el acoso, lo hace desde el enfado, con castigos no proporcionales y no relacionados con la conducta a corregir, e incluso con señalamientos. Lo comprendo. Simplemente, no es lo más inteligente. Recuerda que la mayoría de las veces el bully ejerce como tal por una au-

toestima intrínseca que se encuentra «en las últimas». ¿Crees que será efectivo terminar de destruírsela? Debemos sanarla. Solicita a su terapeuta asesoramiento sobre dinámicas que llevar a cabo en casa para mejorar la autoestima intrínseca de tu hijo y conducirlo a dejar de depender de la ACIDA.

8. **Enséñale a proteger su autoestima:** a veces, no es solo una cuestión de recuperar un miembro lesionado. Hay que evitar los factores que lo expongan a nuevas fracturas. De la misma manera, mejorar la autoestima intrínseca de tu hijo no será suficiente si, ante el más mínimo evento que la ponga a prueba, esta se desmorona. Debemos enseñarle a protegerse de los elementos hostiles que afecten su autopercepción, y la mejor herramienta para ello es la resiliencia —la capacidad de una persona para afrontar, superar y adaptarse positivamente a las adversidades o situaciones desafiantes, manteniendo una percepción equilibrada de sí misma—. Un menor sin trastornos mentales graves, con una buena autoestima intrínseca y capaz de mantenerla a pesar de las adversidades, **nunca será un acosador escolar.**

Hemos visto hasta aquí la importancia de fortalecer la autoestima intrínseca, fomentar valores y trabajar en un entorno familiar constructivo. Ahora daremos un paso más y revisaremos qué tipo de medidas pueden sustituir las represalias puramente punitivas y cómo aplicarlas de forma educativa.

Intervenciones en lugar de castigos

La diferencia puede parecer sutil en la práctica, pero es importante de cara a los resultados.

El tutor legal como gestor y guardián de la responsabilización de las conductas negativas es fundamental y pedagógico, pero puede acabar resultando un padre que imponga castigos y punto.

A la hora de educar a nuestros hijos tras realizar un acto incorrecto, una sanción, sin más, no es lo mejor.

«Castigar» es un arte con muchas implicaciones, sutilezas y facetas didácticas.

Claro que todo acto debe tener su consecuencia, pero esta última debe ser proporcional y natural con respecto a la infracción, no una especie de trueque en el que, simplemente, se intercambien culpas por sufrimientos en base a un catálogo diseñado por la persona que ejerce la crianza.

¿Qué relación tiene que le confisques la Play un año con que haya estado tres meses burlándose en público de la muerte del padre de un compañero de clase —caso real—?

El problema no es la incautación en sí, sino que esta no guarda una correspondencia comprensible con los actos y que no es una consecuencia natural y lógica derivada de sus errores, más allá de «porque lo dice su padre».

En su lugar, impón sanciones relacionadas con la infracción, escarmentadoras, pedagógicas y comprensibles.

Por ejemplo, cuando su tutor legal destina las horas de juego que el menor dedica a la Play a completar, en su lugar, alguna de las siguientes tareas:

Sanciones relacionadas con la empatía y la reflexión

1. **Escribir una carta de disculpa sincera dirigida a su compañero:** deberá expresar cómo se siente al reflexionar sobre su comportamiento y el daño que causó. Es importante que lo haga con tus pautas, pero que salga de él.

2. **Investigar sobre el duelo familiar y la pérdida para luego hacer una exposición sobre este tema ante su clase:** pedirle que busque información sobre cómo afecta emocionalmente la pérdida de un ser querido y cómo apoyar a alguien en esa situación.

3. **Realizar actividades que fomenten la empatía:** llevarlo a participar como voluntario en una organización que apoye a familias en duelo o situaciones difíciles para que entienda mejor lo que otros atraviesan.

4. **Crear un compromiso por escrito:** elaborar un contrato donde se comprometa a no realizar burlas ni acciones similares en el futuro, reflexionando sobre las consecuencias de este tipo de comportamientos.

5. **Leer un libro o ver un documental sobre la pérdida y el duelo:** luego, reflexionar contigo sobre lo que ha aprendido y sobre cómo puede aplicar ese conocimiento para ser más empático.

Sanciones relacionadas con la reparación

6. **Participar en una actividad que beneficie al compañero:** por ejemplo, ayudar a la víctima con sus estudios, si esto es viable, o colaborar en un proyecto que lo incluya.

7. **Realizar tareas en beneficio de la comunidad escolar:** como una forma de reflexión, podría dedicar tiempo a ayudar con tareas en el colegio, como mantener en orden un espacio compartido.

8. **Ahorrar o trabajar por una reparación simbólica:** por ejemplo, contribuir para comprar un detalle para el compañero, como un libro sobre cómo superar el dolor.

Sanciones relacionadas con la mejora del comportamiento

9. **Tener conversaciones guiadas con un orientador escolar o terapeuta** que aborden el impacto de sus actos y lo ayuden a desarrollar habilidades de gestión emocional y social.

10. **Cumplir una rutina de autoevaluación diaria:** durante un periodo de tiempo, deberá reflexionar cada día sobre si sus palabras y acciones han sido respetuosas con los demás.

11. **Establecer una «pérdida de privilegios» mientras realiza actividades correctoras:** por ejemplo, explícale que sospechas que consumir películas o videojuegos centrados en la muerte lo han hecho percibirla con relatividad y que vas a bloquearle el acceso a dichos contenidos hasta estar seguro de que no son la causa —o de que ha superado esta visión alterada.

Sanciones relacionadas con la comprensión del daño causado

12. **Escribir un ensayo sobre las consecuencias del bullying:** incluir qué impacto emocional tiene en las víctimas y en la comunidad escolar en general.

13. **Preparar y dar una charla para su familia o entorno:** explicar lo que hizo, lo que aprendió al reflexionar sobre ello y cómo va a cambiar en el futuro.

14. **Reflexionar en un diario sobre sus emociones y motivaciones:** ayudarlo a identificar por qué empezó a burlarse y cómo puede manejar esas emociones de otra manera.

Como ves, ni una de estas medidas está desvinculada con sus actos.

Existe una conexión más que evidente entre la sanción y el daño causado o el método empleado.

El objetivo es aprender lo que estaba mal haciéndose cargo de las consecuencias, no humillarlo o incomodarlo —aunque la medida sea percibida como humillante o incómoda, pero al menos se entiende que ello no es la motivación de esta. Y si no, procura reforzar esa idea siempre que puedas.

¿Quieres proponerle un plazo? Muy bien. ¿Qué tal hacerlo también con relación a la conducta llevada a cabo?

«Estuviste tres meses riéndote de la muerte del padre de tu compañero. Ahora estarás, como mínimo, la misma cantidad de tiempo haciendo lo posible por reparar ese daño y por entender lo equivocado que fue causarlo».

Esta no es una propuesta de cantidad, solo de relación. Si ves justo, comedido y proporcional proponer una semana de intervención por cada día de dolor causado, adelante. Solo te indico que establezcas con claridad la relación matemática entre el tiempo de daño producido y el de la intervención, que te asegures de que el menor la comprende y de que es capaz de calcular en futuro cuánta sanción conllevará una nueva equivocación por su parte.

Por cierto, ¿te has dado cuenta de que el tutor legal que ponga en práctica estos consejos habrá dejado a su hijo sin jugar a la Play, pero no por una imposición, sino porque en su lugar lo habrá puesto a afrontar una tarea pedagógica?

Por último, de nada sirve una medida de intervención que no se lleva a cabo. Necesitas observar un seguimiento del cumplimiento de la misma.

Sin embargo, ninguna intervención familiar funciona de forma aislada cuando se trata de bullying. Para atajar el acoso escolar con eficacia, resulta fundamental que el centro educativo participe en el proceso y establezca un marco de colaboración clara con la familia.

Colaboración con el centro educativo

La escuela o el instituto es el lugar donde se desarrolla gran parte de la interacción social del menor. Mantener una comunicación abierta con docentes y equipos de orientación, así como participar en las medidas propuestas, facilitará la recuperación de la víctima y la reeducación del agresor.

- **Transparencia**: mantén una comunicación abierta y fluida con el centro educativo, informándoos recíprocamente sobre el progreso del menor y aportando soluciones conjuntas.
- **Asistencia a reuniones**: participa en todas las reuniones que convoque el centro para tratar el caso y asegurarse de que las medidas acordadas se lleven a cabo. Esto incluye estar disponibles para cualquier consulta o solicitud adicional por parte del profesorado.
- **Actúa desde la empatía**: comprende que la familia de la víctima y la víctima en sí puedan tener reacciones negativas. Entiende que sus tutores legales puedan no estar tan bien asesorados como tú y que exista la posibilidad de que lo reduzcan todo a «la maldad de tu hijo». Y, sobre todo, ponte en su lugar. No respondas mal, ni siquiera de forma proporcional a sus posibles desplantes. Son la parte afectada y, aunque sería deseable, no se puede esperar de ellos que traten el asunto constructivamente. Si resulta así, no te sumes a la postura. Deja claro que asumes la responsabilidad y que vas a participar todo lo posible por solucionar la situación.

- **No adoptes medidas simples:** recuerda que una situación de acoso escolar es tortura sistemática y prolongada en el tiempo. Esto genera un daño muy profundo y persistente, que transciende al periodo de acoso. Cuando los padres de los acosadores son constructivos y quieren colaborar en la resolución, a menudo obligan al agresor a plantarse ante la víctima y pedir perdón, o afrentan a su hijo delante del acosado para dejarle claro que no se le da apoyo en sus actos, o, peor aún, sienten la necesidad de conseguir rápidamente que el perjudicado entienda que el bully ha dejado de ser una amenaza a base de obligarlos a interactuar. A ver... La disculpa está genial. La predisposición del menor a disculparse más aún. El interés de sus tutores legales porque lo haga es todavía mayor motivo de celebración. ¡Pero esperad! La víctima necesita sanar. Está dañada. Que su torturador se le aparezca para pedirle perdón, con toda la buena intención del acto, puede resultar incluso contraproducente y mayor causa de dolor. Ya habrá tiempo de demostrar una buena predisposición en la interacción cuando las heridas estén cicatrizadas. Mientras, con respecto a la interacción para con su víctima, a tu hijo agresor dale estas indicaciones claras: «¡Déjalo en paz!».

  o Que, por iniciativa propia, no hable con él.
  o Que, por iniciativa propia, no lo trate.
  o Que, por iniciativa propia, no fuerce situaciones en las que pueda demostrarle un buen comportamiento.
  o Que, por iniciativa propia, no se mantenga cerca de él.
  o Y que cumpla con las indicaciones de Orientación, del Coordinador de Bienestar y Protección o del Equipo de Gestión de Convivencia siempre. Estas son las únicas autoridades que pueden indicarle cuándo es adecuado llevar a cabo alguno de los puntos anteriores de manera segura.

- **Promoción de la reparación:** si es viable, alenta a tu hijo a participar en acciones de reparación hacia la víctima, siempre con el asesoramiento adecuado, para que este proceso sea sincero, constructivo y no desencadene sentimientos contraproducentes.
- **Participación en programas:** colabora con las actividades educativas o talleres organizados por el centro para prevenir el acoso escolar y fomentar un entorno seguro y respetuoso para todo el alumnado.

Queda claro que tu contribución al centro es valiosa y apreciada cuando se solicita, pero hay ocasiones en las que el acoso todavía no ha sido reportado oficialmente.

Reconocer e intervenir en estas situaciones es igual de urgente para detener la conducta hostil y proteger al menor afectado, por lo que no deben temblarte las piernas a la hora de ser tú mismo, tutor legal del causante de la situación, quien prevenga a las autoridades educativas cuando no estén debidamente alertadas.

Actuación ante un caso no notificado

La colaboración es un buen punto de partida, pero la iniciativa no debe faltarte.

En este apartado veremos qué pasos dar para abordar el problema antes de que sea demasiado tarde, incluso cuando este aún no ha sido descubierto por la autoridad.

Si detectas que tu hijo participa en actos de acoso que no han sido aún comunicados a los responsables académicos, debes:

- **Informar al centro:** advierte de inmediato la situación a las autoridades educativas del colegio o instituto. La omisión de esta acción podría interpretarse como una falta grave de responsabilidad por parte de los tutores, e incluso podría derivar en responsabilidades legales para ti por haber permitido con tu omisión que el daño siguiera produciéndose al margen del conocimiento del claustro.

- **Medidas preventivas:** adopta medidas en casa para detener de inmediato el comportamiento del menor, estableciendo límites claros y consecuencias firmes en caso de reincidencia.
- **Proactividad:** solicita orientación al centro o a especialistas para abordar la situación de forma integral, mostrando un compromiso genuino para corregir de modo adecuado el problema.

Lo más importante de todo: **los tutores legales del acosador también pueden solicitar la activación del** PACAE.

La falsa idea de que el protocolo «se abre contra alguien» o «a favor del contrario» es terriblemente perjudicial. El expediente ayudará a todos los implicados —y a sus responsables— a averiguar si hay una situación real de acoso escolar, a localizar quién está sufriéndolo y a impedirlo, así como a comprender qué hacer para lograr que aquel que lo causa deje de desempeñar su dañino papel.

Esto por no mencionar que continuar con sus actos aumenta la responsabilidad del agresor. Es del interés de sus padres, o tutores, que se detenga de inmediato, y la manera adecuada y correcta es el Protocolo de Actuación Contra el Acoso Escolar.

Conociendo esta opción y su relevancia, pasemos ahora a analizar cómo colaborar activamente en el proceso oficial e integral de intervención.

Una vez que se activa el protocolo, la participación de la familia es indispensable para que el proceso sea fructífero.

A continuación, revisaremos qué pasos podemos tomar para alinear las medidas establecidas con las necesidades específicas de tu hijo.

Cuando el menor es parte de un Protocolo de Actuación Contra el Acoso Escolar bajo la condición de presunto agresor, esta es la lista de consejos que seguir:

- **Cumplimiento de las directrices:** sigue —y haz seguir a tu hijo— de forma estricta las indicaciones del protocolo para garantizar la protección de la víctima y la corrección del comportamiento del agresor. Esto incluye cumplir con las medidas o actividades propuestas.
- **Participación activa:** asegúrate de que el menor asista a las actividades o sesiones reeducativas establecidas en el protocolo. Esto también puede implicar la organización de logística adicional, como transporte o ajustes en los horarios familiares.
- **Apoyo continuo:** mantén un rol activo en la supervisión y el acompañamiento del menor durante todo el proceso, garantizando que reciba el sostén necesario para cambiar su comportamiento.

Entender y respetar cada fase del protocolo, apoyando a tu hijo en su camino hacia el cambio, es clave para que la intervención tenga éxito.

Reflexión final

Llegados a este punto, queda claro que el acoso escolar requiere de un enfoque decidido y coordinado entre familias, centro educativo y especialistas.

Reconocer y abordar el acoso escolar por parte de un hijo es una tarea difícil, pero actuar con diligencia y compromiso resulta clave para **proteger a la víctima, rehabilitar al agresor** y garantizar una convivencia escolar positiva.

La implicación activa de los tutores legales no solo marcará la diferencia en el proceso de transformación del menor, sino que también contribuirá a construir una sociedad más respetuosa y empática.

10

Aspectos jurídicos del bullying

Contexto legislativo

El acoso escolar está compuesto por multitud de actos que, individualmente, se contemplan como conductas delictivas en nuestras leyes.

Son un ejemplo:

- Lesiones (arts. 147 y ss. del Código Penal —CP—)
- Amenazas (arts. 169 a 171 del CP)
- Coacciones (art. 172 del CP)
- Injurias (arts. 208 y 210 del CP)
- Calumnias (arts. 205 y 207 del CP)
- Agresiones y abusos sexuales (arts. 178 y ss. del CP)
- Embaucamiento sexual a menores (art. 183 ter del CP)
- Homicidio doloso (art. 138 del CP)
- Homicidio imprudente (art. 142 del CP)
- Asesinato (art. 138 del CP)
- No olvidemos que, además, la situación de persecución puede llegar a desencadenar el suicidio de los menores acosados, y el artículo 143.1 del CP castiga la inducción al suicidio.

No obstante, cuando este tipo de acoso se manifiesta de manera reiterada, cuenta con entidad propia en nuestra legislación.

Nuestro artículo 173.1 del CP reza:

> El que infligiera a otra persona un trato degradante, menoscabando gravemente su integridad moral, será castigado con la pena de prisión de seis meses a dos años.
>
> Con la misma pena serán castigados los que, en el ámbito de cualquier relación laboral o funcionarial y prevaliéndose de su relación de superioridad, realicen contra otro de forma reiterada actos hostiles o humillantes que, sin llegar a constituir trato degradante, supongan grave acoso contra la víctima.

La Ley Orgánica 1/2015 introdujo el nuevo delito de acoso (art. 172 ter del CP), definiéndolo como aquellas conductas que se realicen de forma insistente y reiterada por medio de las cuales se menoscabe gravemente la libertad y el sentimiento de seguridad de la víctima.

1. Será castigado con la pena de prisión de tres meses a dos años o multa de seis a veinticuatro meses el que acose a una persona llevando a cabo de forma insistente y reiterada, y sin estar legítimamente autorizado, alguna de las conductas siguientes y, de este modo, altere gravemente el desarrollo de su vida cotidiana:

   1.ª La vigile, la persiga o busque su cercanía física.

   2.ª Establezca o intente establecer contacto con ella a través de cualquier medio de comunicación, o por medio de terceras personas.

   3.ª Mediante el uso indebido de sus datos personales, adquiera productos o mercancías, o contrate servicios, o haga que terceras personas se pongan en contacto con ella.

4.ª Atente contra su libertad o contra su patrimonio, o contra la libertad o patrimonio de otra persona próxima a ella.

Si se trata de una persona especialmente vulnerable por razón de su edad, enfermedad o situación, se impondrá la pena de prisión de seis meses a dos años.

2. Cuando el ofendido fuere alguna de las personas a las que se refiere el apartado 2 del artículo 173, se impondrá una pena de prisión de uno a dos años, o trabajos en beneficio de la comunidad de sesenta a ciento veinte días. En este caso no será necesaria la denuncia a que se refiere el apartado 4 de este artículo.

3. Las penas previstas en este artículo se impondrán sin perjuicio de las que pudieran corresponder a los delitos en que se hubieran concretado los actos de acoso.

4. Los hechos descritos en este artículo solo serán perseguibles mediante denuncia de la persona agraviada o de su representante legal.

Responsabilidad penal

Nuestras leyes establecen diferentes consecuencias para el bully dependiendo de su edad.

- **Menor de 14 años —si llega denuncia al Ministerio Fiscal—**: se procederá a remitir testimonio de lo actuado a la dirección del centro donde se produzcan los abusos para que, dentro de sus atribuciones, adopte las medidas procedentes para poner fin a los abusos y proteger a la víctima.

- **Mayor de 14 años, pero menor de 18:** se podrá exigir responsabilidad penal y civil conforme al Código Penal,

por proceso penal no ordinario, regulado en la Ley Orgánica 5/2000, de responsabilidad penal de los menores —art. 1.
- **Mayor de 18 años:** se podrá exigir responsabilidad penal y civil conforme al Código Penal, por el proceso penal ordinario regulado en la Ley de Enjuiciamiento Criminal.

Responsabilidad civil

En este ámbito, la culpa no queda anclada únicamente en el bully. Se puede exigir responsabilidad por acción o por negligencia basada en la existencia de una *culpa in vigilando*:

- **Del profesor:** la reclamación está fundamentada, sobre todo, en la ausencia de la adopción oportuna de las medidas tendentes a evitar, paliar y erradicar esa situación de acoso escolar —art. 1903 del Código Civil (CC).
- **De los padres del menor o menores acosadores:** la reclamación de daños y perjuicios a los padres deviene de los actos ilícitos de sus hijos y de los que son responsables los tutores legales —art. 1903 del CC.

Cabe destacar que puede exigirse responsabilidad civil subsidiaria por la comisión de un delito. La acción civil derivada de un ilícito criminal puede ejercitarse conjuntamente con la penal, o bien de forma separada ante la jurisdicción civil.

Responsabilidad administrativa

La Administración, como titular de los colegios e institutos públicos de nuestro país, puede ser considerada responsable de los daños y agravios causados como consecuencia del acoso escolar que padezcan nuestros menores en sus centros.

Dado que está prestando un servicio público, se le puede exigir, en concreto, responsabilidad patrimonial.

Doctrina de la Fiscalía General del Estado:

A continuación, se adjunta textualmente la jurisprudencia sentada en la instrucción 10/2005, del 6 de octubre, sobre el tratamiento del acoso escolar desde el sistema de justicia juvenil, cuya referencia es FIS-1-2005-00010.

1. INTRODUCCIÓN

1.1. Notas características del acoso escolar

El problema del acoso escolar (*bullying* en la extendida terminología anglosajona) se ha caracterizado hasta hace bien poco por ser un fenómeno oculto, que pese a haber estado presente desde siempre en las relaciones entre los menores en los centros educativos y fuera de los mismos, no ha generado estudios, reflexiones o reacciones ni desde el ámbito académico ni desde las instancias oficiales.

En los países más avanzados de nuestro entorno el acoso escolar comenzó a generar preocupación y a provocar la reacción de las autoridades desde finales de la década de los 80, siendo en nuestro país un motivo de preocupación desde hace escasos años.

En cierta manera ha ocurrido con este fenómeno algo parecido a lo experimentado con la violencia doméstica: hasta hace poco se consideraba algo inevitable y en cierta manera ajeno a las posibilidades de intervención del sistema penal, como problema de carácter estrictamente privado que debía ser solventado en el seno de las relaciones entre iguales, o cuando más en el ámbito de la disciplina escolar, sin intervención por parte de la jurisdicción de menores. Incluso las manifestaciones más sutiles de estos comportamientos antisociales tales como el aislamiento deliberado de un menor, exclusión o motes vejatorios han sido tradicionalmente toleradas sin más.

De hecho, muchos de los actos encuadrables en el acoso escolar han sido —siguen siéndolo aún— frecuentemente considerados parte integrante de la experiencia escolar, inherentes a la dinámica propia del patio del colegio, como una lección más de la escuela en la que como anticipo de la vida, el menor tiene que aprender a resistir, a defenderse, a hacerse respetar e incluso a devolver el golpe. En esta concepción darwinista de la lucha por la vida, los más débiles quedan con frecuencia sometidos a los designios de los matones o acosadores escolares.

El silencio de las víctimas y de los testigos, cuando no de los propios centros, ha contribuido al desconocimiento de la magnitud del problema.

Aún en nuestros días hay quien mantiene que las reflexiones sobre el acoso escolar son una moda pasajera. Tales esquemas revelan una clara deficiencia en el diagnóstico y en la terapia de las patologías que afectan a la comunidad escolar, miopía que debe ser definitivamente corregida, pues su aceptación lleva al riesgo cierto de minimizar el problema, ubicándolo en una zona de sombras desde donde —oculto— siempre se ha mantenido, disfrutando de total impunidad. Negar o relativizar el problema es el más grave error en el que se puede incurrir.

Si la aplicación de violencia o intimidación a las relaciones humanas es siempre reprobable y debe ser combatida por el Estado de Derecho, cuando el sujeto pasivo de la misma es un menor, el celo del Estado debe ser especialmente intenso, y ello por dos motivos: en primer lugar por la situación de vulnerabilidad en cierta manera predicable con carácter general de los menores; en segundo lugar por los devastadores efectos que en seres en formación produce la utilización como modo de relación de la violencia y/o la intimidación. La experiencia de la violencia genera un impacto profundamente perturbador en el proceso de socialización de los menores. Los nocivos efectos del acoso en la víctima pueden concretarse en angustia, ansiedad, temor, terror a veces al propio centro, absentismo escolar por el miedo que se genera al acudir a las clases y reencontrarse con los acosadores, fracaso escolar y aparición de procesos depresivos que pueden llegar a ser tan prolongados e intensos que desemboquen en ideas suicidas, llevadas en casos extremos a la práctica.

Estos efectos negativos afectan no solamente a quien sufre como víctima, sino también a quien los inflige como victimario, pues a largo plazo existen altas probabilidades de que el acosador escolar asuma permanentemente ese rol durante su vida adulta, proyectando los abusos sobre los más débiles en el trabajo (*mobbing*) y/o en la familia (violencia doméstica, violencia de género). Por ello se ha podido decir que este tipo de acoso debilita los cimientos de la sociedad civilizada. El intimidador aprende a maltratar, comienza a sentirse bien con el papel que refuerza disocialmente su conducta, convirtiéndose, muchas veces, en la antesala de una carrera delincuencial posterior. Si los intimidadores no reciben rápidas y enérgicas valoraciones negativas a su conducta, y respuestas firmes de que no van a resultar impunes, y/o si son «recompensados» con cierto nivel de popularidad y sumisión entre los demás compañeros, el comportamiento agresivo puede convertirse en una forma habitual de actuar, haciendo de la dominación un estilo normalizado en sus relaciones interpersonales.

La nocividad del acoso escolar alcanza incluso a los menores que como testigos mudos sin capacidad de reacción los presencian, pues por un lado se crea un ambiente de terror en el que todos se ven afectados como víctimas en potencia, y por el otro, estos menores están expuestos al riesgo de asumir una permanente actitud vital de pasividad cuando no de tolerancia hacia la violencia y la injusticia.

Debe deslindarse el acoso escolar de los incidentes violentos, aislados u ocasionales entre alumnos o estudiantes. El acoso se caracteriza, como regla general, por una continuidad en el tiempo, pudiendo consistir los actos concretos que lo integran en agresiones físicas, amenazas, vejaciones, coacciones, insultos o en el aislamiento deliberado de la víctima, siendo frecuente que el mismo sea la resultante del empleo conjunto de todas o de varias de estas modalidades. La igualdad que debe estructurar la relación entre iguales degenera en una relación jerárquica de dominación-sumisión entre acosador/es y acosado. Concurre también en esta conducta una nota de desequilibrio de poder, que puede manifestarse en forma de actuación en grupo, mayor fortaleza física o edad, aprovechamiento de la discapacidad de la víctima, etc.

El acoso se caracteriza también por el deseo consciente de herir, amenazar o asustar por parte de un alumno frente a otro. Todas las modalidades de acoso son actos agresivos en sentido amplio, ya físicos, verbales o psicológicos, aunque no toda agresión da lugar a acoso.

El acoso en su modalidad de agresión emocional o psicológica es aún menos visible para los profesores, pero es extremadamente doloroso.

Condenar a un menor al ostracismo escolar puede ser en determinados casos más dañino incluso que las agresiones leves continuadas. El acoso en su modalidad de exclusión social puede manifestarse en forma activa (no dejar participar) en forma pasiva (ignorar), o en una combinación de ambas.

El acoso también puede practicarse individualmente o en

grupo, siendo esta última modalidad la más peligrosa, pues si por una parte los acosadores tienen por lo general en estos casos un limitado sentimiento de culpa, tendiendo a diluirse o difuminarse la conciencia de responsabilidad individual en el colectivo, que se autojustifica con el subterfugio de que no se sobrepasa la mera diversión, por la otra el efecto en la víctima puede ser devastador a consecuencia del inducido sentimiento de soledad.

La consecución del objetivo de lograr un ambiente de paz y seguridad en los Centros educativos y en el entorno de los mismos, donde los menores puedan formarse y socializarse adecuadamente debe tornarse en meta irrenunciable, superando la resignada aceptación de la existencia de prácticas de acoso o matonismo entre nuestros menores, como algo inherente a la vida de los centros escolares e institutos.

La radical sensibilización que se ha producido en relación con la violencia doméstica, que ha llevado a tratamientos de tolerancia cero, debe ahora ser trasladada al acoso escolar, si bien las respuestas en todo caso han de ser tamizadas por los principios que informan el sistema de justicia juvenil.

Al hilo de estas reflexiones deben los Sres. Fiscales tener presente que los Centros de internamiento de menores previstos en la LORPM son también ámbitos de riesgo en relación con potenciales conductas de acoso, incluso de intensidad superior a las que se producen en centros educativos, por lo que igualmente en estos espacios habrán de mantenerse especialmente vigilantes.

1.2. Acoso escolar y derechos humanos, en especial, el derecho a la educación

Las disposiciones básicas desde las que abordar el tratamiento jurídico de este fenómeno las encontramos en la Convención de Derechos del Niño (CDN), en la Constitución y en la legislación educativa, además de en la LORPM.

La lucha contra el acoso escolar es un imperativo derivado del reconocimiento de los derechos humanos y de la necesidad de colocar el respeto de la dignidad de la persona como clave de bóveda del Estado de Derecho.

En esta línea debe recordarse que la CDN impone a los Estados partes las siguientes obligaciones: 1) se asegurarán de que las instituciones, servicios y establecimientos encargados del cuidado o la protección de los niños cumplan las normas establecidas por las autoridades competentes, especialmente en materia de seguridad, sanidad, número y competencia de su personal, así como en relación con la existencia de una supervisión adecuada (art. 3.3); 2) adoptarán todas las medidas legislativas, administrativas, sociales y educativas apropiadas para proteger al niño contra toda forma de perjuicio o abuso físico o mental, descuido o trato negligente, malos tratos o explotación, incluido el abuso sexual, mientras el niño se encuentre bajo la custodia de los padres, de un representante legal o de cualquier otra persona que lo tenga a su cargo (art. 19.1); 3) adoptarán cuantas medidas sean adecuadas para velar por que la disciplina escolar se administre de modo compatible con la dignidad humana del niño y de conformidad con la presente Convención (28.2).

Esa necesidad de especial protección del niño frente a toda clase de maltrato está latente en un amplio número de artículos de la CDN (artículos 2, 11, 16, 19, 32, 33, 34, 35, 36, 37, 38 y 39).

Por otra parte, la CDN establece que la educación debe estar encaminada al desarrollo de la personalidad, el respeto de los derechos humanos, el respeto de los padres y la propia identidad cultural y nacional, la vida responsable en una sociedad con espíritu de comprensión, paz, tolerancia e igualdad, y el respeto al medio ambiente natural (artículo 29).

Desde el punto de vista interno debe recordarse que la Constitución declara como derechos fundamentales junto al derecho a la educación (artículo 27), el derecho a la integridad física y moral (artículo 15); el derecho a la libertad y a la seguridad (artículo 17) y el derecho a la tutela judicial efectiva (artículo 24).

La educación ha de tener por objeto, conforme a la Constitución *el pleno desarrollo de la personalidad humana en el respeto a los principios democráticos de convivencia y a los derechos y libertades fundamentales* (art. 27.2 CE) finalidad coherente con un sistema que pretende configurar la dignidad de la persona y los derechos inviolables que le son inherentes, junto con el libre desarrollo de la personalidad, el respeto a la Ley y a los derechos de los demás, como «*fundamento del orden político y de la paz social*» (art. 10.1 CE).

La STC nº 120/1990, de 27 de junio declara que la regla del art. 10.1 CE implica que, en cuanto valor espiritual y moral inherente a la persona... la dignidad ha de permanecer inalterada cualquiera que sea la situación en que la personarse encuentre... constituyendo, en consecuencia, un *mínimum* invulnerable que todo estatuto jurídico debe asegurar.

El objetivo primero y fundamental de la educación, como refiere el Preámbulo de la LO 1/1990, de 3 de octubre, de *Ordenación General del Sistema Educativo* está dirigido al desarrollo de la capacidad de los menores para ejercer, de manera crítica y en una sociedad axiológicamente plural, la libertad, la tolerancia y la solidaridad.

La educación debe trasmitir los valores que hacen posible la vida en sociedad, singularmente el respeto a todos los derechos y libertades fundamentales, a los bienes jurídicos ajenos y los hábitos de convivencia democrática y de respeto mutuo y avanzar en la lucha contra la discriminación y la desigualdad.

Por su parte el art. 2.2 de la LO 10/2002, de 23 de diciembre, de *Calidad de la Educación* reconoce al alumno los derechos básicos, entre otros a que se respeten su integridad y dignidad personales, y a la protección contra toda agresión física o moral.

Este mismo precepto, en su apartado 4.º establece como uno de los deberes básicos de los alumnos el de respetar la dignidad, integridad e intimidad de todos los miembros de la comunidad educativa.

Resulta incuestionable que para alcanzar estos irrenunciables objetivos es necesario desterrar de los centros educativos, de forma radical, estos comportamientos de acoso escolar, que suponen una quiebra *ab initio* de la posibilidad de alcanzarlos.

2. LA INTERVENCIÓN DESDE LA JURISDICCIÓN DE MENORES: SUBSIDIARIEDAD

Bajo la etiqueta de acoso escolar se esconde un fenómeno proteiforme con manifestaciones de distinta gravedad. Ha de partirse además de que el acoso escolar es un mal profundamente arraigado en el entorno educativo, desde tiempos inmemoriales, en el que confluyen una pluralidad de causas y cuyo tratamiento es complejo. No puede desde luego caerse en la simplificación de reducir su abordaje mediante medidas puramente represivas y menos aún a su tratamiento centrado en la jurisdicción de menores, pues este enfoque simplista puede llevar a un enquistamiento del problema.

Los expertos coinciden en que el primer nivel de lucha contra el acoso escolar debe estar liderado por los profesores del centro educativo, y que ellos deben ser los primeros destinatarios de la puesta en conocimiento del problema. El abordaje debe ser conjunto, y preferentemente desde los niveles básicos de intervención: padres, profesores y comunidad escolar.

El tratamiento debe ser fundamentalmente preventivo, e

incluso una vez detectado un caso, cabrá adoptar distintas respuestas, en ocasiones desde el ámbito estrictamente académico. En muchos casos la reacción dentro del Centro docente es suficiente para tratar el problema: medidas sancionadoras internas en el propio centro, reflexión con el propio alumno y/o el grupo, reuniones con la familia, cambio de la organización de aula, etc.

No debe caerse en la tentación de sustraer el conflicto de su ámbito natural de resolución. La comunidad escolar es, en principio, y salvo los casos de mayor entidad, la más capacitada para resolver el conflicto. Por lo demás, muchos de los victimarios no habrán alcanzado los catorce años, *conditio sine qua non* para la intervención del sistema de justicia juvenil.

Este abordaje presidido por la idea del castigo como método subsidiario y no principal de reacción frente al acoso ha sido asumido por la Recomendación nº 702 del Comité de Derechos del Niño de la ONU de septiembre de 2001.

El propio Defensor del Pueblo en su informe sobre *«violencia escolar: el maltrato entre iguales en la educación secundaria obligatoria»* (Madrid, 2000) consideraba que «la respuesta normal debe ser, además de la acción preventiva, la que se produce en sede de disciplina escolar».

En cualquier caso, y desde el papel subsidiario y reactivo que a la jurisdicción de menores ha de asignarse en la lucha contra este fenómeno, los Sres. Fiscales han de partir del aparentemente elemental o superficialmente obvio principio de que ningún acto vejatorio de acoso escolar debe ser socialmente tolerado y de que los mismos, una vez conocidos por el Fiscal, han de tener una respuesta adecuada desde el sistema de justicia juvenil.

Desde luego, y como principios generales, ha de convenirse en que mientras las manifestaciones más graves de acoso justifican sobradamente la intervención de la jurisdicción de menores, las derivaciones de acoso soterrado (exclusión social, poner motes, hablar mal de un compañero, esconderle cosas) tienen su campo de resolución generalmente más adecuado dentro del propio ámbito educativo escolar y familiar.

No obstante, incluso las denuncias que hagan referencia a hechos en principio leves (faltas de amenazas, coacciones o vejaciones injustas) si se cometen con la nota de habitualidad o reiteración en el tiempo, deben dar lugar como regla general a la incoación de un expediente de menores, no siendo adecuado en estos casos utilizar sin más la facultad de desistimiento prevista en el art. 18 LORPM.

Nadie debería nunca —y menos el Fiscal— ignorar o minimizar el miedo, el dolor y la angustia que un menor sometido a acoso sufre.

3. COMUNICACIONES INTERORGÁNICAS

Esencial para lograr dar una respuesta eficaz a las manifestaciones de este fenómeno ha de ser la fluidez en la circulación de información entre las instancias con competencia en la materia: Ministerio Fiscal y responsables del centro docente.

Aunque el art. 3 LORPM solamente prevé la remisión de testimonio a la entidad pública de protección de menores cuando los hechos que lleguen a conocimiento del Fiscal tengan indiciariamente como autores a menores de 14 años, procederá remitir testimonio de lo actuado a la dirección del centro donde se están produciendo los abusos para que dentro de sus atribuciones adopte las medidas procedentes para poner fin a los abusos denunciados y proteger al menor que los está sufriendo.

Por tanto, no deberá el Fiscal nunca limitarse a archivar las Diligencias incoadas una vez comprobada que el menor infractor no alcanza los 14 años. Antes de tal archivo el Fiscal habrá de remitir la copia de la denuncia y documentación complementaria al centro y comprobar que el mismo ha acusado recibo.

Debe recordarse que, según la mayoría de los estudios, el porcentaje más alto de incidencia del maltrato entre iguales se produce en el primer ciclo de secundaria, entre 12 y 14 años, y, por consiguiente, en gran parte fuera del ámbito de intervención de la jurisdicción de menores.

También en los supuestos en los que se inicien actuaciones por el Fiscal y se compruebe que el menor o los menores implicados están dentro del ámbito de aplicación de la LORPM será necesario comunicar a la dirección del centro la denuncia interpuesta a los efectos internos procedentes. No cabe duda de que la dirección del centro tiene mecanismos poderosos para evitar que la situación se mantenga durante la tramitación del expediente de menores.

A estos efectos debe tenerse presente que no es infrecuente que los menores víctimas denuncien directamente ante la Policía o en Fiscalía lo que debido a la presión ambiental y el temor a represalias no han comunicado a sus profesores o a la dirección del Centro.

Desde luego, el hecho de que se inicie un expediente en el ámbito del proceso penal juvenil no quiere decir que los responsables del Centro puedan inhibirse y declinar su responsabilidad en las autoridades judiciales y fiscales. Es a los centros docentes durante las horas lectivas a quienes corresponde vigilar a los menores para evitar cualesquiera actos lesivos para la víctima. Por ello, es esencial que el Fiscal comunique el expediente abierto y el nombre de la víctima y de los presuntos victimarios al director del centro donde indiciariamente se están cometiendo los hechos.

Debe en este punto recordarse que el art. 7 del Real Decreto 732/1995, de 5 de mayo, *por el que se establecen los derechos y deberes de los Alumnos y las normas de convivencia en los Centros* dispone que los órganos de gobierno del centro, así como la Comisión de convivencia, adoptarán las medidas preventivas necesarias para garantizar los derechos de los alumnos y para impedir la comisión de hechos contrarios a las normas de convivencia del centro.

Por lo demás las medidas protectoras que los Centros pueden adoptar son variadas y, en general, más eficaces que las que pueden adoptarse desde la jurisdicción de menores (incremento de vigilancia, reorganización de horarios del profesorado para atender a las necesidades de los alumnos afectados, intervención de mediadores, cambio de grupo etc.).

Si bien no existe una norma general expresa al respecto y solamente en casos concretos la ley prevé que bien los Juzgados y Tribunales, bien el Ministerio Fiscal comuniquen a la autoridad administrativa extremos de los que tengan conocimiento y de los que puedan derivarse consecuencias administrativo-sancionadoras, cabe de esta regulación fragmentaria extraer un principio general de comunicación interorgánica o interinstitucional, asumido por la Fiscalía General del Estado (vid. Instrucciones de la Fiscalía General del Estado 4/1991 de 13 de junio, 2/1999 de 17 de mayo, y 1/2003, de 7 de abril, todas ellas en materia de tráfico; Instrucciones 7/1991, de 11 de noviembre y 1/2001, de 9 de mayo, en materia de siniestralidad laboral; Consulta 2/1996 de 19 de febrero, en materia de defraudaciones a la Seguridad Social o Circular 1/2002, de 19 febrero, en materia de extranjería).

El fundamento de estos actos de comunicación radica en última instancia en que el Derecho administrativo sancionador y Derecho Penal son manifestaciones del ordenamiento punitivo del Estado, derivadas del art. 25 CE (STC 18/1981, de 8 de junio) y en la función de defensa de la legalidad que el art. 124 CE atribuye al Fiscal. En el ámbito de menores, a este fundamento habría de adicionársele el de la necesidad de preservar el superior interés del menor, necesidad que impone a todas las autoridades e instancias con competencias en la materia la obligación de adoptar las medidas procedentes dentro de su órbita funcional y el deber de actuar coordinadamente entre sí.

No está de más recordar que el art. 13 de la Ley Orgánica 1/1996, de 15 de enero, *de Protección Jurídica del Menor* impone la obligación a toda persona o autoridad de comunicar a la autoridad o sus agentes las situaciones de riesgo que puedan afectar a un menor sin perjuicio de prestarle el auxilio inmediato que precise. A estos efectos, una situación de acoso continuado no puede sino considerarse como situación de riesgo.

Cuando la *notitia criminis* haya llegado por algún conducto al margen de los representantes legales del menor y siempre que existan elementos que apunten a que éstos desconocen la situación en la que vive su hijo, deberán los Sres. Fiscales poner los hechos en conocimiento de los mismos, bien citándolos en Fiscalía, bien remitiéndoles una comunicación informándoles del procedimiento que se sigue. La labor de los progenitores es esencial en la recuperación de los menores víctimas y es estadísticamente frecuente que los mismos no informen a los padres, por temor a complicar aún más la situación.

4. TIPIFICACIÓN PENAL DEL ACOSO ESCOLAR

4.1. Pautas Generales

Si se sigue la definición amplia de acoso escolar que suelen emplear psiquiatras, psicólogos y pedagogos (exposición de un alumno, de forma repetida y durante un tiempo, a acciones negativas que lleva a cabo otro u otros alumnos) no existe una traducción jurídico penal unitaria de estos comportamientos. Las tonalidades más o menos intensas que estas conductas violentas, intimidatorias o denigratorias pueden alcanzar, pueden plasmarse en una amplia gama cromática no susceptible de reduccionismos o simplificaciones. Debe por tanto partirse de que el concepto de acoso escolar es metajurídico, pudiendo tener diversas significaciones jurídico penales, desde la mera falta a la comisión de un delito grave.

Habrá de estarse en cada supuesto a los hechos que pueden estimarse indiciariamente acreditados como paso previo a la operación de subsunción penal. En todo caso debe partirse de que conceptualmente el acoso escolar requiere de una cierta continuidad o reiteración, debiendo distinguirse estas conductas de los incidentes aislados. No obstante, también un incidente aislado, cuando el rango del bien jurídico afectado lo demande y cuando tenga lugar en el ámbito docente, puede justificar la aplicación de las directrices contenidas en la presente Instrucción.

4.2. Delito Contra la Integridad Moral

4.2.1. Principios

Cuando los hechos tengan la entidad suficiente, la conducta de acoso podrá calificarse conforme al tipo penal previsto en el art. 173.1, que castiga al 16 que *infligiera a otra persona un trato degradante, menoscabando gravemente su integridad moral.*

La pena que para los adultos se asigna (prisión de seis meses a dos años) hace que este delito deba ser considerado como menos grave, con las consiguientes repercusiones en Derecho Penal Juvenil. En materia de prescripción regirá el plazo de un año (art. 10.3 LORPM), si bien conforme a la redacción del art. 132 CP tras la reforma 15/2003 será para estos supuestos aplicable como regla general la disposición según la cual en las infracciones que exijan habitualidad, los términos se computarán desde que cesó la conducta. La calificación como delito menos grave también tiene gran importancia en cuanto a las posibilidades de derivación (arts. 19.1 y 27.4 LORPM).

Para la STS nº 819/2002, de 8 de mayo *el delito del artículo 173 representa...el tipo básico de las conductas incluidas dentro del Título VII del Libro II del Código Penal, requiriendo para su apreciación de la concurrencia de un elemento medial («infligir a una persona un trato degradante»), y un resultado («menoscabando gravemente su integridad moral»).*

La integridad protegida se identifica con la idea de dignidad e inviolabilidad de la persona. El tipo, como valor derivado del artículo 15 CE plasma el rechazo más absoluto para cuanto represente o suponga menosprecio a la dignidad humana.

Se trata de un tipo residual que recoge todas las conductas que supongan una agresión grave a la integridad moral. Consiste en someter a la víctima, de forma intencionada, a una situación degradante de humillación e indignidad para la persona (STS 1218/2004, de 2 de noviembre).

El artículo 173 operaría como un tipo de recogida o tipo de arrastre (*auffrangtatbestand* en la terminología alemana), en el sentido de que viene a constituir una forma subsidiaria de todos los delitos en que existe como modalidad de comportamiento un ataque contra el mismo bien jurídico protegido, que entra en juego cuando la conducta enjuiciada no pueda subsumirse en otras figuras más específicas del Código Penal que impliquen también un atentado contra la dignidad moral de otros, de las que existen numerosos ejemplos en otros títulos del Código (SAP Sevilla, sec. 4ª nº 150/2004, de 4 de marzo).

La aproximación a los conceptos de trato degradante y de menoscabo grave de la integridad moral exige analizar el estado de la cuestión en la jurisprudencia.

4.2.2. *El elemento medial (infligir a una persona un trato degradante)*

En lo que hace al trato degradante, desde el punto de vista de la doctrina del Tribunal Europeo de Derechos Humanos, cabe señalar que en la STEDH de 18 de enero de 1978 (caso Irlanda contra Reino Unido) se considera que el concepto de malos tratos o tortura estipulado se refiere sólo a los casos que revisten una cierta gravedad, y que esta gravedad mínima ha de estimarse de acuerdo con las circunstancias del caso y de la víctima. En esta sentencia expresamente se considera maltrato degradante cinco técnicas utilizadas en el caso analizado: mantener encapuchados a los detenidos, situarles frente a una pared durante horas, someterles a ruidos monótonos y continuos, no consentirles dormir, privarles de alimentos o agua y restringirles la dieta.

El trato en sí mismo no será degradante salvo que la persona afectada haya sufrido —ya a los ojos de los demás, ya en sus propios ojos— humillación o degradación alcanzando unos niveles mínimos de severidad. Esos niveles deben ser evaluados en relación con las circunstancias del caso (STEDH de 25 de febrero de 1982, caso Campbell y Cosans contra el Reino Unido).

La reciente STEDH sección primera de 16 de junio de 2005 (Caso Labzov contra Rusia), con cita de otros precedentes como los casos Labita contra Italia y Valašinas contra Lituania, confirma estas pautas, declarando a este respecto que el art. 3 CEDH consagra uno de los valores esenciales de la sociedad democrática. Prohíbe en términos absolutos la tortura y los tratos o castigos inhumanos o degradantes. En todo caso, para caer bajo el art. 3 el maltrato debe alcanzar un nivel mínimo de severidad. La evaluación de ese nivel mínimo depende de las circunstancias del caso, tales como duración del tratamiento, sus efectos físicos y mentales y en algunos casos el sexo, edad y estado de salud de la víctima. Idéntico pronunciamiento se contiene en la STEDH sección primera de 2 de junio de 2005 (caso Novoselov contra Rusia).

Por tanto, desde la perspectiva de la jurisprudencia del TEDH el trato degradante es un concepto esencialmente casuístico, en el que deben tenerse en cuenta todos los factores concurrentes —entre otros, la edad de la víctima— pero que en todo caso debe tener un nivel mínimo de severidad.

Avanzando más, las SSTS nº 1218/2004, de 2 de noviembre, 819/2002, de 8 de mayo y 1122/1998, de 29 de septiembre consideran que los tratos degradantes son «aquellos que pueden crear en las víctimas sentimientos de terror, de angustia y de inferioridad susceptibles de humillarles, de envilecerles y de quebrantar en su caso su resistencia física o moral».

Con carácter general la expresión «trato degradante» presupone *una cierta permanencia, o al menos repetición, del comportamiento degradante, pues en otro caso no habría «trato» sino simplemente ataque* (STS nº 819/2002, de 8 de mayo). En esta línea la SAP Sevilla, sec. 4ª nº 150/2004, de 4 de marzo exige en la conducta típica dos caracteres: *la continuidad y la eficacia para inducir sentimientos de angustia y de humillación.*

Sin embargo el TS no encuentra obstáculo para estimar cometido el delito a partir de una conducta única y puntual, *siempre que en ella se aprecie una intensidad lesiva para la dignidad humana suficiente para su encuadre en el precepto; es decir, un solo acto, si se prueba brutal, cruel o humillante puede ser calificado de degradante si tiene intensidad suficiente para ello* (STS nº 819/2002, de 8 de mayo). En esta línea de considerar que lo normal es que concurra permanencia o repetición pero con simultánea admisión de la posibilidad de quedar integrado en un solo acto se sitúa la STS nº 489/2003, de 2 de abril.

El delito contra la integridad moral del art. 173.1 permite

pues el castigo, tanto de aquellas conductas aisladas que por su naturaleza tienen entidad suficiente para producir un menoscabo grave de la integridad moral de la víctima, cuanto de aquellas otras que, si bien aisladamente consideradas no rebasarían el umbral exigido por este delito, sin embargo en tanto reiteradas o sistemáticas, realizadas habitualmente y consideradas en su conjunto, terminan produciendo dicho menoscabo grave a la integridad moral. Son conductas, estas últimas, de trato degradante, que en su individual consideración no son calificables de graves, pero que al ser reiteradas terminan menoscabando gravemente por erosión dicha integridad moral y que tienen cabida en el precepto (STS 1218/2004, de 2 de noviembre).

Pero no ha de olvidarse que no todas las manifestaciones de acoso tienen acomodo típico, pues tanto en el caso del mobbing como en el de bullying (ambas tienen una zona de intersección) estas conductas pueden proyectarse en un amplio elenco de acciones y omisiones que en algunos casos no suponen, como consecuencia necesaria, la intervención penal, regida por las exigencias de tipicidad, y por los principios de *lex certa* y *lex estricta*, teniendo presente el carácter fragmentario del derecho penal (en este sentido, en relación con el acoso laboral, SAP Tarragona, sec. 2ª nº 407/2004, de 26 de abril, AAP Tarragona, sec. 2ª, nº 201/2004, de 6 de mayo y AAP Barcelona sec. 8ª, de 15 septiembre 2003).

4.2.3. *El resultado (menoscabo grave de la integridad moral)*

El resultado típico debe ser un menoscabo de la integridad moral, como bien jurídico protegido por la norma, que se configura como valor autónomo, independiente de otros derechos

(STS nº 1218/2004, de 2 de noviembre), en especial del derecho a la vida, a la integridad física, a la libertad o al honor, radicando su esencia en la necesidad de proteger la inviolabilidad de la persona (STS nº 819/2002, de 8 de mayo).

En lo referente al concepto penal de integridad moral, ha de delimitarse fundamentalmente desde la idea de la inviolabilidad de la personalidad humana en el derecho a ser tratado como uno mismo, como un ser humano libre y nunca como un simple objeto, o si se prefiere, podría hablarse de la incolumidad personal o de su inviolabilidad (STS 1218/2004, de 2 de noviembre).

El atentado a la integridad moral debe ser grave, debiendo la acción típica ser interpretada en relación con todas las circunstancias concurrentes en el hecho, pues cuando el atentado no revista gravedad estaremos ante la falta del art. 620.2º del CP (STS nº 819/2002, de 8 de mayo).

En esta línea la STS nº 489/2003, de 2 de abril declara que el art. 173 quedará reservado a aquellos hechos en los que la degradación tenga una cierta intensidad, cuya gravedad ya no sea posible recoger en la individualización de la pena del delito al que acompañan a través de las agravantes ordinarias. En este mismo sentido, STS nº 2101/2001, de 14 de noviembre.

En cualquier caso, no se requiere que este quebranto grave se integre en el concepto de lesión psíquica, cuya subsunción se encuentra en los tipos penales de las lesiones (STS nº 489/2003).

La STS nº 489/2003, de 2 de abril aun declarando que no se puede presentar un catálogo de conductas susceptibles de ser incluidas en el tipo penal, incluye las conductas analizadas por la STEDH de 18 de enero de 1978 (*vid. supra*) y la realización de «novatadas» y, en general, las conductas susceptibles de producir en las víctimas «sentimientos de terror, de angustia y de inferioridad susceptibles de humillarles, de envilecerles y de quebrantar, en su caso, su resistencia física y moral» y conductas, como desnudar a un detenido y obligarle a realizar flexiones, etc., comportamientos que exceden de la necesidad de la detención con una finalidad envilecedora.

Así, los actos de violencia psíquica de escasa gravedad, que en su consideración aislada darían lugar a la falta de vejación injusta del art. 620, una vez acreditado que se vienen produciendo en forma reiterada, como expresión de un clima de violencia psíquica habitual, habrán de ser encajados en el delito del art. 173. No obstante, la aplicación de este precepto exige que se haya producido como resultado un menoscabo en la integridad moral que pueda ser calificado como grave. Y ello en atención al principio de especialidad y al concurso de leyes y delitos que se recoge en el art. 8 del CP (STS 1218/2004, de 2 de noviembre).

En este sentido se ha considerado incluido en el tipo el acoso telefónico, escrito y personal que excede con mucho la gravedad del injusto que puede ser abarcada por la falta del artículo 620.2 CP, ni siquiera con el carácter de continuada (SAP Sevilla, sec. 4ª nº 150/2004, de 4 de marzo).

También se considera aplicable el tipo del artículo 173.1 en un supuesto de hechos vejatorios y gravemente degradantes inferidos a un ciudadano «al que no sólo le tuvieron en un estado de terror permanente, sino que utilizaron toda clase de humillaciones obligándole a desnudarse, además de infundirle un terror psicológico incuestionable» (STS nº 454/2004, de 6 de abril).

En definitiva, puede decirse que el delito contra la integridad moral y la falta de vejaciones injustas se hallan en una misma línea de ataque, diferenciándose por la gravedad del atentado a la integridad moral en relación con todas las circunstancias concurrentes en el hecho (SAP Sevilla, sec. 4ª nº 150/2004, de 4 de marzo).

4.3. Concurso de delitos

Debe recordarse que conforme al art. 177 si además del atentado a la integridad moral penado en el art. 173.1, se produjere lesión o daño a la vida, integridad física, salud, libertad sexual o bienes de la víctima o de un tercero se castigarán los hechos separadamente con la pena que les corresponda por los delitos o faltas cometidos, excepto cuando aquél ya se halle especialmente castigado por la ley.

Tanto nuestra Constitución como el CP configuran la integridad moral como una realidad axiológica, propia, autónoma e independiente del derecho a la vida, a la integridad física, a la libertad en sus diversas manifestaciones o al honor. Esto explica la regla concursal del art. 177 del CP (STS 1218/2004).

Por tanto no todo atentado a la integridad moral debe comportar necesariamente un atentado a otros bienes jurídicos, pudiendo concebirse comportamientos típicos que únicamente quiebren la integridad moral sin reportar daño alguno a otros bienes personalísimos.

A la inversa, si además del atentado a la integridad moral, se producen daños a otros bienes jurídicos, se castigarán en su caso los hechos separadamente, lo que permite la sanción penal de los resultados producidos a consecuencia del trato degradante.

Estas pautas deben, no obstante, en Derecho Penal de Menores, matizarse: si bien son plenamente aplicables en cuanto a la calificación jurídica de los hechos, a efectos de determinar la consecuencia habrá de estarse a las previsiones específicas que para determinar la medida en caso de concurso ideal se contienen en el art. 11 LORPM, conforme a la interpretación contenida en el punto V.5 de la Circular 1/2000, de 18 de diciembre.

En Derecho Penal de Menores no se aplica, pues, la agravación de la consecuencia jurídica prevista para el mismo supuesto en el art. 77 CP sino que se sigue el principio de absorción.

4.4. Inducción al suicidio

El art. 143.1 CP castiga al que induzca al suicidio de otro. No es desgraciadamente descartable que los supuestos graves de acoso escolar puedan desembocar en el suicidio de los menores acosados.

Sin embargo, para mantener una acusación y fundamentar una sentencia condenatoria por este tipo delictivo, no será suficiente con que pueda llegar a demostrarse la relación de causalidad entre los actos de acoso y el resultado suicidio.

Como refiere la STS de 5 de mayo de 1988 la influencia del inductor ha de incidir sobre alguien que previamente no está decidido a cometer la infracción y por lo que ahora nos interesa que el inductor haya actuado *con la doble intención de provocar la decisión... y de que el crimen* (el suicidio en este caso) *efectivamente se ejecute.* (En el mismo sentido, SSTS de 25 de junio de 1985, 16 de diciembre de 1989, 12 de noviembre de 1991 y 11 de junio de 1992).

La STS nº 421/2003, de 10 de abril resalta cómo el inductor despliega su conducta sobre otras personas al objeto de que ejecuten un hecho concreto y en relación también con una víctima concreta.

No será desde luego subsumible en el tipo la conducta consistente en «forzar» al suicidio, por cuanto el suicida ha de decidir libremente su muerte, por lo que la conducta del que fuerza sería constitutiva de homicidio o asesinato.

A través de la vía del art. 177, un resultado muerte por suicidio causalmente conectado con los actos contra la integridad moral pero no imputable a título de dolo, podrá en su caso ser castigado como homicidio imprudente.

5. MEDIDAS CAUTELARES

La respuesta al acoso escolar desde la jurisdicción de menores debe pivotar sobre tres ejes: protección de la víctima con cesación inmediata del acoso, respuesta educativa-sancionadora al agresor, modulada según sus circunstancias psico-socio familiares y según la entidad de los hechos cometidos y, en su caso, reparación de daños y perjuicios.

Podrá el Fiscal interesar medidas cautelares en protección de la víctima. En los casos más graves cabrá, eventualmente, aplicar la medida de internamiento. No obstante, la aplicación de esta medida debe necesariamente restringirse, teniendo en cuenta los principios de excepcionalidad, proporcionalidad, subsidiariedad y provisionalidad, que si rigen en el proceso penal en general, en el especial de menores aún tienen mayor rango y operatividad.

En todo caso debe exigirse que concurra para la adopción de la medida cautelar de internamiento alguno de los fines legítimos aceptados por la doctrina del Tribunal Constitucional (SSTC 128/95, 40/87, 44/97, 33/99, 14/00, 47/00, 207/00, 145/01, 217/01 y 23/02), siempre subordinados al respeto al principio del superior interés del menor. Por ello no podrá esta medida fundamentarse en la alarma social, pese al mantenimiento formal del texto del art. 28 LORPM.

En consecuencia, los Señores Fiscales se abstendrán en sus informes de utilizar el criterio de la alarma social concurrente como justificador de la petición de internamientos cautelares de menores.

De ordinario, en caso de necesidad de tutela cautelar, será suficiente con una libertad vigilada acompañada de las reglas de conducta que se estimen precisas para preservar la integridad de la víctima, pudiendo, si se estima necesario, promoverse la aplicación de reglas que supongan mayor o menor grado de alejamiento (v. gr. prohibición de comunicación). A estos efectos deberán tenerse presentes las conclusiones alcanzadas por la Fiscalía General del Estado en la Consulta 3/2004 *sobre la posibilidad de adoptar la medida cautelar de alejamiento en el proceso de menores.* También en este punto será esencial comunicar al centro docente la medida adoptada.

6. TRANSMISIÓN DE LA NOTITIA CRIMINIS. ASPECTOS RELATIVOS A LA PRUEBA

Es frecuente que las víctimas de acoso estén demasiado asustadas para dar el paso adelante de formular una denuncia, incluso de comunicar su situación a sus representantes legales o a sus profesores. La pérdida de autoestima y el temor a que la situación empeore lleva en muchos casos a los acosados a soportar estoicamente la situación, persuadidos de que no hay solución. Incluso en ocasiones la víctima llega a convencerse de que merece el tratamiento que recibe por parte del acosador.

Del mismo modo los estudios muestran una tendencia a que el fenómeno pase desapercibido para los adultos. A mayor edad en el acosado, menor probabilidad de que el mismo comunique la situación a sus mayores.

Ello lleva a que los casos de menores que sufren el acoso en silencio, invisibles para los adultos, sean abundantes.

Además debe tenerse en cuenta que en un alto número de supuestos las agresiones físicas o no existen o por su levedad no dejan huella susceptible de objetivación.

Ha de procurarse, pues, superar lo que se ha denominado «conspiración del silencio» para ilustrar las dificultades que las características propias del acoso escolar generan para que éste llegue a conocimiento de las instancias oficiales, ya escolares, ya extraescolares.

Es por tanto esencial transmitir al menor que está siendo víctima de acoso que no es culpa de él y que no tiene por qué afrontar el problema en solitario.

En muchas ocasiones, las denuncias formuladas ante la Policía o redactadas por las propias víctimas no aportan elementos suficientes para aclarar si nos encontramos ante un verdadero supuesto de acoso escolar. Muchos de estos casos pueden ser transmitidos de forma fragmentaria, oscura o confusa, con apariencia de incidente aislado. Es por ello necesario que los Sres. Fiscales, en todos los supuestos en los que se denuncien actos de agresiones, amenazas o vejaciones en el ámbito escolar, antes de adoptar una decisión de fondo, citen a la víctima a fin de tomarle personalmente declaración. La inmediación seguida de un interrogatorio adecuado será una poderosa herramienta para clarificar la entidad de la situación denunciada y para adoptar la decisión más adecuada.

En el interrogatorio del menor víctima habrá de tenerse especial cuidado, pues si se realiza de forma insistente existe un riesgo cierto de bloqueo en los casos en los que el mismo sea reacio a comunicar lo que le está pasando. Los adolescentes son renuentes a comunicar a los adultos problemas cuya resolución entienden son de su incumbencia, por lo que los Sres. Fiscales habrán de ser especialmente hábiles a la hora de tratar de abrir un canal de comunicación con los mismos.

Los Sres. Fiscales habrán, en su caso, de sortear las dificultades probatorias inherentes a este tipo de delitos, tratando de realizar un acopio suficiente de elementos entre los que será especialmente interesante el testimonio de los amigos del menor y de los compañeros de clase, así como el de los propios progenitores o representantes del mismo. A estos efectos debe tenerse presente que los menores víctimas de acoso tienden con mucha mayor frecuencia a comunicar la situación por la que están atravesando a sus amigos-iguales, que a sus profesores o progenitores o adultos en general.

En todo caso debe partirse de que según los estudios sobre el acoso escolar, es frecuente que el mismo sea conocido por un gran número de iguales que se limitan al papel de espectadores pasivos no comunicando dato alguno a profesores o adultos. Se producen situaciones de contagio social, y de cooperación en el maltrato y en otros casos es el propio miedo a pasar a ser incluido dentro del círculo de destinatarios de los actos de acoso lo que impide a los testigos superar ese rol de espectadores pasivos o de encubridores. Por otro lado, la extendida valoración negativa de la transmisión de información desde los alumnos al profesorado (*chivar*) también funciona como inhibidor de la colaboración en el esclarecimiento de la verdad.

La necesidad de evitar faltas de cooperación e inhibiciones por parte de posibles testigos, reacciones frecuentes en este tipo de delitos en los que víctimas, victimarios y testigos conviven y pasan juntos una parte importante de la jornada, antes y después del inicio del procedimiento, impone el análisis de la aplicabilidad en fase de instrucción de las disposiciones contenidas en la Ley Orgánica 19/1994, de 23 de diciembre, *de Protección a Testigos y Peritos en causas criminales*, así como los presupuestos de aplicación de los mecanismos de tutela a testigos en ella comprendidos y el órgano competente para adoptar tales decisiones.

La Ley Orgánica 19/1994 prevé la adopción de una serie de medidas con tal objeto cuando *«la autoridad judicial aprecie racionalmente un peligro grave para la persona, la libertad o bienes de quien pretenda ampararse en ella»* (art. 1.2), correspondiendo al Juez de Instrucción acordar motivadamente, de oficio o a instancia de parte, las medidas que estime necesarias *«para preservar la identidad de los testigos y peritos, su domicilio, profesión y lugar de trabajo...»* (art. 2).

A la pregunta de si la Ley es aplicable en el ámbito del proceso penal de menores ha de contestarse afirmativamente. El art. 37.3 LORPM, integrado en el Título V bajo la rúbrica *«de la fase de audiencia»* expresamente lo prevé: *«en su caso, en este procedimiento se aplicará lo dispuesto en la legislación relativa a la protección de testigos y peritos en causas penales».*

Cabría entender que tal expresa previsión para la fase de audiencia supone una implícita exclusión de su aplicación en la fase de instrucción.

Sin embargo, tal interpretación debe ser rechazada, pues el art. 37.3, pese a su ubicación, autoriza la aplicación de la legislación de protección de testigos y peritos genéricamente en el procedimiento, sin ceñirla pues a la fase de audiencia, incluyendo por tanto también a la fase de instrucción.

Por lo demás el art. 1 de la Ley Orgánica 19/1994 dispone que *las medidas de protección previstas en esta ley son aplicables a quienes en calidad de testigos o peritos intervengan en procesos penales.* No se excluye, pues, ninguno de los procesos penales vigentes en España, siendo claro que el proceso de menores aún con todas las peculiaridades que le son inherentes es un proceso penal (art. 1 LORPM, art. 82.3 LOPJ, Disposición Final primera LORPM), por lo que entra dentro del ámbito de aplicación genérico de la Ley, no desprendiéndose ni explícitamente de su articulado ni implícitamente, del análisis de los principios generales que lo informan y que pueden decantarse a través de una interpretación sistemática de la LORPM, una prohibición a su aplicación en la fase de instrucción.

A fortiori, la ratio que informa a la LO 19/94 es perfectamente detectable en el proceso penal de menores, en el que con relativa frecuencia existe una demanda por parte de los testigos hacia las instancias oficiales a fin de que ya en fase de instrucción se les provean medios de protección, ante el temor de sufrir represalias por parte de los menores infractores, de sus compañeros de grupo o incluso de sus familiares.

Los presupuestos de aplicación de las medidas de protección previstas en la LO 19/94 serán, al igual que ocurre en el proceso de adultos: 1) que se aprecie racionalmente un peligro grave para la persona, libertad o bienes de quien pretenda ampararse en ella, su cónyuge o persona a quien se halle ligado por análoga relación de afectividad o sus ascendientes, descendientes o hermanos; 2) que se acuerde motivadamente, de oficio o a instancia de parte, en atención al grado de riesgo o peligro, las medidas necesarias.

Las medidas que podrán adoptarse serán cualquiera de las comprendidas en el art. 2, a saber: *a)* que no consten en las diligencias que se practiquen su nombre, apellidos, domicilio, lugar de trabajo y profesión, ni cualquier otro dato que pudiera servir para la identificación de los mismos, pudiéndose utilizar para ésta un número o cualquier otra clave, *b)* que comparezcan para la práctica de cualquier diligencia utilizando cualquier procedimiento que imposibilite su identificación visual normal, *c)* que se fije como domicilio, a efectos de citaciones y notificaciones, la sede del órgano judicial interviniente, el cual las hará llegar reservadamente a su destinatario. Incluso eventualmente no es a priori descartable que algún supuesto exija las medidas de protección cualificadas previstas en el art. 3.

En consecuencia, todo el proceso de adopción, modificación y extinción de estas medidas debe estar presidido por la ponderación (*balancing*) de los bienes jurídicos protegidos, de los derechos en conflicto y de las circunstancias concurrentes en los testigos y peritos en relación con el proceso penal de que se trate.

En cuanto a la cuestión relativa a la autoridad competente para adoptar estas medidas, es claro que corresponderán al Juez de Menores durante la fase de audiencia. En lo tocante a la fase de instrucción, teniendo en cuenta que la LO 9/94 atribuye la facultad para adoptar las medidas al Juez instructor, y que la LORPM traslada al Fiscal las actuaciones instructoras, ha de partirse de que en el ámbito del proceso penal de menores será el Fiscal el legitimado para adoptar en esta fase las medidas de protección. Esta línea interpretativa ha sido acogida por la SAP Guipúzcoa (sección primera) nº 178/05, de 15 de julio en la que expresamente se reconoce que el Fiscal puede acordar «*las medidas de protección de testigos y peritos contenidas en la LO 19/94...asumiendo las funciones que en el proceso penal de adultos competen al Juez de Instrucción (art. 1.2 y 2 LO19/94). Cuando se adoptan, en la fase de instrucción medidas de protección de testigos y peritos, acudiendo como marco normativo a las estipulaciones contenidas en la LO 19/94, no se restringen derechos cuya tutela competa a un órgano jurisdiccional; se estipula un espacio institucional de protección de los testigos o peritos que no menoscaba el estatuto jurídico del imputado, vertebrado en torno al derecho de defensa, dado que permanecen intangibles las facultades de interrogar y hacer interrogar al testigo de cargo así como las de ofrecer las pruebas de descargo*».

Esta atribución al Fiscal debe entenderse sin perjuicio de que si por el Letrado del menor se entiende que la restricción no se ajusta a Derecho o menoscaba su derecho de defensa, se admita, por aplicación de lo dispuesto en el art. 26.1 LORPM que el mismo reproduzca su petición, en cualquier momento, ante el Juzgado de Menores, a fin de que éste se pronuncie.

Además de esta vía de control, el Juez de Menores en el auto de apertura de la audiencia (art. 34) habrá de pronunciarse sobre la necesidad de mantener o no las medidas de protección de testigos acordadas durante la instrucción, aplicando lo dispuesto en el art. 4.1 LO 9/94.

En otro orden de cosas, podrá ser un indicio del acoso el representado por el hecho base de que el menor haya sufrido modificaciones de carácter, brusco descenso en el rendimiento escolar, abandono de aficiones, depresión, o negativa a asistir al centro escolar. No obstante, estos hechos pueden tener explicaciones alternativas, por lo que habrá de tratarse de excluir esas otras posibilidades. A tales efectos podrá resultar especialmente recomendable acordar como diligencia instructora el examen pericial de la víctima a efectos de su evaluación psicológica.

Tampoco debe olvidarse que cada vez resulta más frecuente que los acosadores utilicen las nuevas tecnologías (correo electrónico, mensajes SMS etc.) para amenazar o vejar. El acopio documentado de estos elementos puede ser de especial interés para acreditar el carácter continuado del acoso.

Parece desde luego fuera de toda duda que el Fiscal instructor puede por sí consignar y documentar en el expediente los mensajes SMS o de correo electrónico amenazantes aportados por el receptor de los mismos.

7. LA RESPUESTA AL ACOSADOR DESDE LA JURISDICCIÓN DE MENORES

Un correcto tratamiento del menor acosador debe estar presidido por la filosofía educativa y socializadora inherente a la LORPM. Por ello, ha de partirse de que estos menores son susceptibles de reeducación, y que pueden cambiar, por lo que debe huirse de un etiquetaje de los mismos como matones o acosadores, pues tal etiquetaje conlleva el riesgo cierto de hacer que los mismos asuman perennemente el rol institucional o socialmente asignado.

Si en general en Derecho Penal de menores debe huirse de generalizaciones y ha de buscarse la respuesta individualizada adecuada para cada caso, cuando la conducta analizada integra un supuesto de acoso escolar, estas reflexiones, si cabe, se potencian aún más, pues no hay, desde luego, una respuesta única. Cada caso puede requerir una específica intervención.

Existirán incluso supuestos que, encuadrables en el concepto social amplio de acoso, no sean susceptibles de subsunción en ningún tipo penal. En este sentido se ha hablado por la doctrina de la necesidad de respetar un umbral de relevancia penal mínima. En estos casos de falta de significación penal, la única respuesta de la jurisdicción de menores será la remisión de testimonio a la dirección del centro para que adopte las iniciativas que estime oportunas, sin perjuicio, en su caso, de la reapertura de las Diligencias ante nuevos hechos con significación jurídico penal.

7.1. Posibilidades de derivación y descriminalización

7.1.1. El desistimiento en la incoación de expediente

El art. 18 LORPM regula la manifestación más radical del principio de oportunidad al permitir al Fiscal la no incoación de procedimiento pese a haberle llegado a su conocimiento la existencia de hechos constitutivos de infracción penal verosímiles y con personas identificadas.

Es un principio de oportunidad reglado porque está sometido a condiciones estrictas, y así se reserva para supuestos: 1) que constituyan delitos menos graves sin violencia o intimidación, o faltas. Por tanto, quedarán excluidos los delitos graves (concurra o no violencia o intimidación) y los delitos menos graves (cuando concurra violencia o intimidación); las faltas podrán ser archivadas aun cuando concurra violencia o intimidación; 2) que se trate de menores que no hayan cometido con anterioridad otros hechos de la misma naturaleza. No exige la LORPM que exista una sentencia condenatoria firme anterior, por lo que este requisito deberá interpretarse de forma flexible.

No procederá hacer uso del desistimiento del art. 18 LOR-

PM frente a hechos constitutivos de acoso, aunque no superen
el rango de la mera falta, si el menor denunciado lo hubiera
sido ya con anterioridad en otra ocasión por hechos encuadrables en el concepto de acoso, aunque la tipificación de esa conducta anterior varíe sustancialmente respecto de la que merez-
can los hechos nuevos.

Si no existe reiteración y atendida la levedad de la conducta
denunciada los hechos no son susceptibles de calificarse más
que de una simple falta cabrá acordar el desistimiento. En estos
casos, pese a no estar expresamente previsto, el desistimiento
habrá de acompañarse de una simultánea remisión de testimonio de lo actuado a la Dirección del centro docente, conforme
a la fundamentación expuesta *supra*.

Aunque la LORPM no prevé la notificación del Decreto de
desistimiento al perjudicado, a fin de evitar potenciales indefensiones, los Sres. Fiscales habrán de ponerlo también en conocimiento del menor víctima y de sus representantes legales.
Una adecuada información a la víctima sobre las vicisitudes del
procedimiento puede ser el más eficaz mecanismo de autoprotección.

7.1.2. Desistimiento por reparación. Otras modalidades de desjudicialización

Si los hechos tienen rango delictivo o, pese a no sobrepasar la
simple falta, se estima necesaria la intervención de la jurisdicción
de menores mediante la apertura de expediente aún cabrá, antes de decidir la presentación de alegaciones, valorar en su caso la
posibilidad de una reparación extrajudicial o una mediación.

La derivación prevista en el art. 19.1 LORPM presupone ya
un expediente incoado, en el que no se ha estimado adecuado
el ejercicio del principio de oportunidad del art. 18.

Como presupuesto es necesario que los hechos no sobrepasen la calificación de falta o de delito menos grave. Aunque no es imprescindible que no concurra violencia o intimidación, la LORPM obliga a valorar la gravedad y circunstancias de los hechos y del menor, de modo particular la falta de violencia o intimidación graves.

La LORPM permite amplias posibilidades de poner fin al expediente a través de una conducta activa socializadora del menor infractor bien disculpándose ante la víctima, bien asumiendo compromisos reparadores, bien realizando una actividad educativa.

Las posibilidades de la justicia restaurativa y de mediación pueden alcanzar un relevante despliegue funcional en las manifestaciones leves o iniciales de acoso. En todo caso en estos supuestos habrá de trasladarse a los victimarios el mensaje claro y nítido de que cualquier otro rebrote será objeto de una respuesta de mayor intensidad; simultáneamente habrá de hacerse saber a la víctima que no ha de dudar en poner en conocimiento de la Fiscalía cualquier repunte de acoso, trasladándole la confianza en las instituciones y la idea de que el caso no está definitivamente cerrado.

El valor añadido a esta forma de terminar el proceso y de dar respuesta al menor infractor deriva de que limita los efectos estigmatizantes inherentes a las actuaciones judiciales, así como simultáneamente amplía su contenido pedagógico y educativo, por lo que puede ser especialmente recomendable como respuesta a una infracción como la analizada, que se comete dentro de la comunidad educativa y de la vida académica.

La asunción de la propia responsabilidad por el comportamiento de acoso tiene un enorme potencial resocializador, como primer paso para superar la crisis. La ulterior conducta reparadora podrá suponer la satisfacción del menor acosado y la definitiva superación del conflicto, sin necesidad de pasar por el duelo dialéctico inherente al acto del juicio (audiencia) propiamente dicho.

Una de las vías para poner fin a las situaciones de acoso es conseguir que los implicados hablen sobre lo que está pasando, a través de la mediación.

Pero esta vía exige que exista un ambiente de calma y un deseo común de poner fin a la situación. Los expertos consideran adecuada la mediación cuando no hay una situación de fuerte desequilibrio entre los afectados, no siendo útil para todos los supuestos de acoso. Así, no será adecuada cuando el acosador no tiene el menor interés en cesar en sus actos o cuando la víctima ha llegado a una situación de pánico que le inhabilita para tomar parte en el proceso.

Especialmente indicada en estos supuestos desjudicializadores será la modalidad de compromiso por parte del menor infractor a cumplir la actividad educativa propuesta por el equipo técnico en su informe.

En definitiva, cabrá que, en supuestos de acoso escolar, se arbitre una solución extrajudicial como respuesta desde la jurisdicción de menores, cuando así lo aconsejen las circunstancias psicosocio familiares del menor infractor, las circunstancias concurrentes y además cuando la violencia o intimidación empleada no alcance entidad suficiente para descartarla.

El propio Defensor del Pueblo en su informe sobre «violencia escolar: el maltrato entre iguales en la educación secundaria obligatoria» (Madrid, 2000) consideraba que «el ámbito escolar, en el que se producirían estos supuestos delictivos, es especialmente adecuado para procurar la reparación».

Debe aquí recordarse que el apartado sexto del art. 19 introduce requisitos adicionales para los supuestos (será lo usual en casos de acoso) de víctimas menores de edad: *en los casos en los que la víctima del delito o falta fuere menor de edad o incapaz, el compromiso al que se refiere el presente artículo habrá de ser asumido por el representante legal de la misma, con la aprobación del Juez de Menores».*

Habrá de entenderse que si en estos supuestos de víctimas menores el Juez no da su aprobación, el expediente deberá continuar su tramitación no pudiendo archivarse en base al art. 19, sin perjuicio de que en su caso pudiera proponerse el archivo por la vía del art. 27.4, especialmente si tanto el menor víctima, como el representante legal y el Fiscal están de acuerdo con el compromiso alcanzado.

Si quien no asume el compromiso es el representante legal del menor víctima, esté o no personado como acusación particular habrán los Sres. Fiscales de abandonar también la vía del art. 19 LORPM, sin perjuicio, en su caso, de plantearse una posible utilización de la vía prevista en el art. 27.4 LORPM.

En efecto, con carácter general, otras vías de desjudicialización que podrán eventualmente ser utilizadas son las previstas en el art. 27.4 LORPM:

1. Conveniencia de no continuar la tramitación del expediente en interés del menor por haber sido expresado suficientemente el reproche al mismo a través de los trámites ya practicados.
2. Conveniencia de no continuar la tramitación del expediente por considerar inadecuada para el interés del menor cualquier intervención, dado el tiempo transcurrido desde la comisión de los hechos.

En ambos casos, para utilizar estas soluciones respecto de un menor implicado en un caso de acoso también se requerirá que concurran los requisitos referidos al analizar el art. 19.1 LORPM.

Por lo demás, estas amplias facultades del Fiscal habrán de

equilibrarse mediante un riguroso cumplimiento de la obligación de fundamentar los decretos de desistimiento y las peticiones de sobreseimiento (vid. Instrucción 1/2005, 27 de enero, *sobre la forma de los actos del Ministerio Fiscal*), así como la obligación de notificar a los perjudicados, conforme a lo dispuesto en el art. 270 LOPJ y por aplicación supletoria de lo dispuesto en los arts. 779.1.1ª, 785.3, 789.4, 791.2 y 792.4 LECrim, que tras la reforma operada por la Ley 38/2002 de 24 de octubre, introduce en el procedimiento abreviado el derecho de la víctima, aun cuando no haya deseado mostrarse parte, a ser notificada de las resoluciones judiciales de mayor relieve, siguiendo las previsiones de la Decisión Marco del Consejo de 15 de marzo de 2001, relativa al estatuto de la víctima en el proceso penal.

En todo caso no debe olvidarse que si la víctima o sus representantes se encuentran personados como acusación particular, el nuevo art. 25 f) LORPM les reconoce la facultad de ser oídos en todos los incidentes que se tramiten durante el procedimiento. Será por tanto necesario que se dé traslado a la acusación particular para que se pronuncie cuando el Juez de Menores reciba la propuesta de sobreseimiento del Fiscal.

7.2. Medidas imponibles

7.2.1. *Principios generales*

La peculiaridad del sistema de selección de las medidas imponibles y de la determinación de su extensión hace que no quepa dar pautas concretas sobre este punto.

En el tratamiento de los menores responsables de infracciones penales relacionadas con el acoso escolar habrán de respetarse los principios generales del Derecho Penal y los especiales de

Derecho Penal Juvenil. El principio de legalidad penal, de proporcionalidad en su faceta de imposibilidad de imponer medidas graves por hechos leves, la obligación de tener en cuenta las circunstancias del menor, la necesidad de reducir al mínimo las restricciones a la libertad del menor, principios asumidos tanto por las Reglas de Beijing como por la Recomendación Nº R (87) 20 del Comité de Ministros del Consejo de Europa y por nuestra LORPM, deben en todo caso ser observados.

En esta última Recomendación se parte de la consideración de que los jóvenes son seres en evolución y por consiguiente, «todas las medidas adoptadas respecto de ellos deberían tener un carácter educativo». Igualmente las reacciones sociales ante la delincuencia juvenil deben «tener presente la personalidad y las necesidades específicas de los menores».

Por lo demás, la Convención de Derechos del Niño de 20 de noviembre de 1989 (ratificada por España el 30 de noviembre de 1990), en su art. 3 apartado 1 establece la necesidad de atender al interés superior del niño en todas las medidas que se adopten. Este principio, como brújula que ha de orientar el proceso de selección y aplicación de las medidas se reconoce profusamente en la Exposición de Motivos de la LORPM y se concreta en la regla básica de determinación de las medidas contenida en el art. 7.3 LORPM.

También debe recordarse que la reciente Recomendación (2003) 20, de 24 de septiembre del Comité de Ministros del Consejo de Europa *sobre nuevas vías para el tratamiento de la delincuencia juvenil y el papel de la justicia juvenil* en su punto III.8 dispone que para tratar la delincuencia juvenil seria, violenta y persistente, los estados miembros deberían desarrollar un espectro más amplio de sanciones y medidas comunitarias innovativas y más efectivas (pero proporcionales). Estas medidas deberían dirigirse directamente al comportamiento y a las necesidades del infractor. Deberían implicar a los padres o representantes del menor (salvo que se consideren contraproducentes) y si es posible, utilizar la mediación, restauración y reparación a la víctima.

En los supuestos de alumnos implicados en malos tratos a sus iguales es esencial que sea cual sea la medida que se les aplique, la misma tenga una orientación educativa que les ayude a interiorizar la valoración de su comportamiento y a comprender los efectos que el mismo provoca en la víctima incrementando sus habilidades sociales y en especial las técnicas de resolución de conflictos.

La experiencia ha demostrado en otros países que el abordaje del tratamiento de los acosadores desde un prisma meramente represivo o retributivo no soluciona el problema. Por ello es importante una terapia que lleve al menor infractor a convencerse de lo negativo de su comportamiento.

La flexibilidad que debe presidir la elección de la concreta medida a aplicar y su determinación cuantitativa deberá mantenerse durante su ejecución, utilizando cuando sea procedente la suspensión (art. 40 LORPM) o la cancelación anticipada, la reducción o la sustitución (arts. 14 y 51 LORPM).

7.2.2. Libertad vigilada

Dentro de la libertad vigilada es especialmente recomendable la imposición de reglas de conducta que ayuden al menor acosador a comprender el efecto de sus acciones y a asumir su propia responsabilidad. Es claro que este proceso reflexivo es un *prius* para que la medida sancionadora-educativa pueda tener algún grado de eficacia socializadora.

La imposición de las reglas de conducta, potestativas para el Juez, puede ser una vía adecuada tanto para proteger a la víctima como para encauzar adecuadamente la evolución del menor infractor. La flexibilidad del régimen de la libertad vigilada se potencia con la cláusula abierta que introduce el nº 7: se pueden establecer otras reglas de conducta no previstas, innominadas, con tal de que cumplan dos condiciones: 1) que estén orientadas a la reinserción social y 2) que no atenten a la dignidad del menor como persona.

Deberán evitarse que las reglas de conducta puedan generar estigmas o menoscabos evitables al honor, intimidad y propia imagen del menor (así podría ser contraproducente que en el propio ámbito escolar el menor debiera realizar tareas que lo señalarán como autor de un delito).

Las posibilidades de estas reglas innominadas son inmensas, siendo éste un terreno abonado para que la capacidad creadora de Juez y Fiscal de Menores fructifique provechosamente en interés del menor infractor. Dentro de las mismas podría comprenderse la de imponer al menor infractor la tarea de ayudar durante un determinado período de tiempo a compañeros de clase extranjeros en sus obligaciones escolares, escribir redacciones reflexivas en las que se coloquen en el lugar de las víctimas, evitar relaciones con grupos problemáticos o auxiliar a compañeros recién incorporados al centro docente, al modo de los sistemas de *pairing* utilizados en las escuelas secundarias escocesas como técnica *antibullying*, por medio de la cual a los alumnos especialmente vulnerables (recién llegados, miembros de minorías, menores con discapacidades etc.) se les asigna un compañero de curso superior que actúa a modo de amigo protector.

Debe en este punto hacerse un recordatorio a la doctrina contenida en la Circular 1/2000, de 18 de diciembre de 2000, *relativa a criterios de aplicación de la Ley Orgánica 5/2000* en la que se propone, para salvaguardar el principio de legalidad, (sobre todo a la vista de la amplitud de la regla 7ª), «que su contenido quede definido con los contornos más precisos posibles al dictarse la sentencia, de modo que ésta contemple expresamente a cuáles de las reglas de conducta previstas en el art. 7.h) habrá de someterse el menor».

7.2.3. *Prestaciones en beneficio de la comunidad*

La experiencia demuestra que esta medida suele tener efectos muy positivos como generadora de un proceso de reflexión crítica del menor ante su conducta y para la asunción del compromiso de respeto de los bienes jurídicos ajenos. Por ello también puede ser una opción para los menores implicados en conductas de acoso escolar.

La LORPM busca relacionar la prestación con la naturaleza del bien jurídico lesionado dejando ver con toda claridad el fondo educativo de la medida, con el fin de que el menor perciba de un modo directo las consecuencias de su actuación, asumiendo su responsabilidad con el propósito último de evitar en el futuro hechos similares.

Deberán buscarse horarios para la realización de las prestaciones que no interfieran en la actividad formativa del menor (art. 20.6 Reglamento LORPM). Por ello, en su ejecución habrán de utilizarse fundamentalmente los fines de semana, días festivos o períodos vacacionales.

Esta medida se ha considerado indicada como respuesta para que los menores entiendan los valores de tolerancia, respeto a bienes ajenos y comunes y civismo, frente a actos que pongan de relieve déficits en estos ámbitos y cuando no se requiera una intervención global.

El Defensor del Pueblo en su informe sobre «violencia escolar: el maltrato entre iguales en la educación secundaria obligatoria» abogaba también por la utilización de esta medida como una posibilidad especialmente aconsejable.

7.2.4. *Realización de tareas socio educativas*

Esta medida, en tanto no exige el consentimiento del menor infractor, cuando no pueda recabarse éste, podrá ser una alternativa a las prestaciones en beneficio de la comunidad.

La propia Exposición de Motivos de la Ley da ejemplos de modalidades de tareas socio-educativas que pueden encajar en las necesidades del menor maltratador: «*asistir a un taller ocupacional, a un aula de educación compensatoria o a un curso de preparación para el empleo, participar en actividades estructuradas de animación sociocultural, asistir a talleres de aprendizaje para la competencia social, etc.*». Igualmente habrán de buscarse horarios para la realización de las prestaciones que no interfieran en la actividad escolar (art. 21 Reglamento LORPM).

7.2.5. *Permanencias de fines de semana*

Esta medida permite para su cumplimiento la alternativa de utilizar el propio domicilio del menor.

Se trata de una medida privativa de libertad, pero que al ejecutarse en fin de semana evitará efectos colaterales estigmatizadores o perturbadores para la vida académica del menor.

La expresa previsión legal de que se impongan tareas socio-educativas durante su cumplimiento permite superar su proyección meramente retributiva, orientando la medida a las finalidades educativas consustanciales al proceso de menores.

La Exposición de Motivos de la LORPM da pautas para los supuestos en los que es aconsejable, refiriéndose a que es «*adecuada para menores que cometen actos de vandalismo o agresiones leves en los fines de semana*».

Podrá ser un medio adecuado, en determinados supuestos,

combinado con las tareas socioeducativas, para dar respuesta a conductas de acoso.

Para hechos constitutivos de falta, con el fin de respetar las reglas de proporcionalidad, solo cabrá imponer permanencias cuando el Código Penal haya previsto para la concreta falta la pena de localización permanente. Aún en estos casos, las permanencias, con el fin de que no sean más gravosas que la pena paralela para los adultos, habrán de cumplirse en el domicilio del menor y no en centros de reforma.

Recordemos en este punto que la Circular 1/2004, 24 de noviembre de 2004, *sobre régimen transitorio aplicable a la reforma 15/2003* declaraba que debe considerarse —en igualdad de extensión temporal— que la localización permanente resulta más favorable que la pena de arresto de fin de semana, pues esta nueva pena presenta la peculiaridad —sin duda más beneficiosa desde el punto de vista del ejecutoriado— de que el lugar de cumplimiento en la mayoría de los casos se reservará al domicilio del penado y en ningún caso podrá ejecutarse en Centro Penitenciario, a diferencia de la pena de arresto de fines de semana que según el art. 37 en su redacción anterior a la reforma debía llevarse a efecto en dichos centros o en depósitos municipales.

7.3. La sanción impuesta por el centro educativo y el non bis in idem

El sistema educativo contempla distintos regímenes disciplinarios para los alumnos y estudiantes en los centros, con la consiguiente posibilidad de confluencia o solapamiento respecto de la intervención de la jurisdicción de menores. Deben, pues, despejarse las cuestiones derivadas del principio *non bis in idem.*

La STC 2/81 de 30 de enero declaró que este principio «*supone en una de sus más conocidas manifestaciones, que no re-
caiga duplicidad de sanciones-administrativa y penal —en los
casos en que se aprecie identidad de sujeto, hecho y fundamento
sin existencia de una relación de supremacía especial de la Administración...— que justifique el ejercicio del ius puniendi por
los Tribunales y, a su vez, de la potestad sancionadora de la
Administración*».

Solo en los supuestos en los que no concurra la triple identidad de sujetos, hechos y fundamento de la infracción penal y
la administrativa, cabrá, sin violentar el principio, la imposición de dos sanciones, penal y administrativa. La identidad de
fundamento habrá de entenderse como identidad de interés
jurídico protegido, pues como dice la STS 234/1991, de 10 de
diciembre, no basta simplemente con la dualidad de normas
para entender justificada la imposición de una doble sanción al
mismo sujeto por los mismos hechos, pues si así fuera, el principio *non bis in idem* no tendría más alcance que el que el legislador (o en su caso el Gobierno como titular de la potestad re-
glamentaria) quisiera darle.

En el ámbito de las relaciones especiales de sujeción, especialmente en el derecho disciplinario, tradicionalmente se ad-
mitía con gran amplitud la duplicidad de sanciones. Sin embargo la jurisprudencia constitucional en su evolución ha ido
matizando y restringiendo tal posibilidad. Así, la STC 61/1990,
de 29 de marzo afirmaba que la existencia de una relación de
supremacía especial no podía suponer la relativización y su-
presión de los principios constitucionales. Por su parte, la STC
234/1991, de 10 de diciembre, declara que «la existencia de esta
relación de sujeción especial tampoco basta por sí misma, sin
embargo, para justificar la dualidad de sanciones» y que «para
que sea jurídicamente admisible la sanción disciplinaria impuesta en razón de una conducta que ya fue objeto de conde-

na penal es indispensable, además, que el interés jurídicamente protegido sea distinto y que la sanción sea proporcionada a esa protección».

Por tanto, en los supuestos de relaciones de sujeción especial, el fundamento de la posibilidad del *bis in idem,* administrativo y penal debe ser también el de la falta de la concurrencia de la triple identidad de sujetos, hecho y fundamento.

Solo será procedente la doble sanción si la infracción penal y administrativa tutelan bienes jurídicos concretos completamente distintos y si la pena señalada al delito no pone ya de manifiesto que el legislador ha contemplado en ella la repercusión de la conducta sobre la relación de servicio o funcionarial.

Criterios análogos se acogen en el Derecho disciplinario aplicable a menores infractores: el art. 60.6 del Real Decreto 1774/2004, de 30 de julio, por el que se aprueba el Reglamento de la LORPM dispone que *aquellos hechos que pudiesen ser constitutivos de infracción penal podrán ser también sancionados disciplinariamente cuando el fundamento de esta sanción, que ha de ser distinto del de la penal, sea la seguridad y el buen orden del centro. En estos casos, los hechos serán puestos en conocimiento del Ministerio Fiscal y de la autoridad judicial competente, sin perjuicio de que continúe la tramitación del expediente disciplinario hasta su resolución e imposición de la sanción si procediera.*

Pero aún en el caso de que se llegara a la conclusión de que concurre la triple identidad, el hecho de que la conducta hubiera sido ya sancionada disciplinariamente en el ámbito escolar no impide que en la jurisdicción de menores pueda imponerse una medida. A estos efectos será aplicable la jurisprudencia acuñada por la STC 2/2003, de 16 de enero, que, dictada por el Pleno del TC, modifica la doctrina sentada por la STC 177/1999 y se decanta por considerar que la imposición de dos sanciones, una administrativa inicial y otra penal, no entraña exceso en la respuesta punitiva de los poderes públicos a la infracción cometida cuando la primera sanción queda embebida en la segunda.

El TC llega a la conclusión de que desde la perspectiva formal no se viola el principio del *non bis in idem* porque la sencillez del procedimiento administrativo sancionador y de la propia infracción administrativa, y la naturaleza y entidad de las sanciones impuestas, impiden equiparar el expediente administrativo sancionador sustanciado a un proceso penal a los efectos de entender que el recurrente ha sufrido una vulneración de su derecho a no ser sometido a un nuevo procedimiento sancionador.

Desde la vertiente material del principio *non bis in idem*, el TC considera correcta la solución en estos casos de deducir la sanción administrativa de la pena impuesta en ejecución de sentencia. Esta solución no es contraria a la legalidad vigente, siendo adecuada por razones de justicia material y respetuosa con el principio de proporcionalidad.

La doctrina de la STC 2/2003 ha calado en la jurisprudencia de la Sala de lo Penal del TS (vid. SSTS 833/2003, de 2 junio y 654/2004, de 25 de mayo).

En definitiva, y en aplicación de los criterios expuestos ha de concluirse con que: 1) si no existe la triple identidad serán compatibles las sanciones disciplinarias impuestas en el centro escolar con las impuestas por la jurisdicción de menores; 2) si existe la triple identidad la previa tramitación del expediente disciplinario no impide la tramitación de expediente de menores conforme a la LORPM; 3) en este último caso habrá de tenerse en cuenta la sanción impuesta en el ámbito escolar, ya desistiendo conforme al art. 18 LORPM (a estos efectos no debe olvidarse que la rúbrica del precepto se refiere al *desistimiento de la incoación del expediente por corrección en el ámbito educativo y familiar*), ya acordando el sobreseimiento del expediente, si se dan las circunstancias previstas en los art. 19.1 o 27.4, ya modulando la naturaleza o la extensión de la medida que se imponga.

Esta operación de compensación habrá de revestir en la justicia de menores una gran elasticidad, teniendo presente la flexibilidad inherente a las reglas de determinación de la medida.

8. TRATAMIENTO DE LA VÍCTIMA

En el abordaje del acoso escolar el papel principal y las máximas preocupaciones deben centrarse en la víctima, que a su condición de menor (compartida con el victimario) anuda la de sujeto pasivo del delito.

De nuevo puede detectarse cierto paralelismo con la violencia de género. El nexo común es el del abuso de un ser humano sobre otro prevaliéndose de una cierta situación de superioridad. Por ello debe traerse a colación la reflexión contenida en la Instrucción 4/2004, de 14 de junio, *acerca de la protección de las víctimas y el reforzamiento de las medidas cautelares en relación con los delitos de violencia doméstica:* en efecto, la denuncia por un hecho violento entre iguales en un centro escolar es algo más que la simple transmisión de una *notitia criminis.* La experiencia demuestra que, en no pocos casos, la víctima menor que acude a unas dependencias policiales o la Sección de Menores de Fiscalía, *está denunciando un hecho delictivo pero, al propio tiempo, está exteriorizando su confianza en que los mecanismos jurídicos de protección van a funcionar adecuadamente. Y el Fiscal representa una pieza clave a la hora de activar esa respuesta jurídica de salvaguarda y tutela.*

El menor víctima de acoso puede padecer con la iniciación de la investigación penal un recrudecimiento del sufrimiento infligido por el agresor, por lo que debe verse amparado por una respuesta rápida que le tutele con eficacia de posibles venganzas.

Si la defensa de los derechos de la víctima ha de integrar uno de los objetivos prioritarios de la actuación del Fiscal en cualquier proceso penal, cuando la misma es una persona menor de edad, los esfuerzos del Ministerio Público han de redoblarse, al confluir dos obligaciones: la genérica de «...velar por la protección procesal de las víctimas, promoviendo los mecanismos previstos para que reciban la ayuda y asistencia efectivas» (apartado 10 del art. 3 del EOMF) y la específica de ser cualificadamente defensor de los derechos del niño (Instrucción de la Fiscalía General del Estado 7/2004).

La Sección de Menores de la Fiscalía habrá de activar los mecanismos procesales procedentes de interposición entre el agresor y la víctima, y promover la protección integral de ésta última.

Los menores acosados suelen encontrarse subjetivamente en una situación de total indefensión y desamparo. Frecuentemente pierden la capacidad de concentración en las explicaciones y en los estudios, pierden confianza en sí mismos y sus niveles de autoestima alcanzan cotas mínimas, generándoles incapacidad para poner fin por sí mismos a la situación, y para solicitar ayuda de los adultos. Estas probables afecciones deben condicionar el tratamiento que ha de darse a la víctima de acoso escolar.

Habrán de modularse las declaraciones a tales peculiaridades, sin olvidar las posibilidades que la Ley de Protección de Testigos brinda para asegurar la tranquilidad y serenidad de los mismos a través de todo el proceso, conforme a lo expuesto *supra*.

Deben también aquí recordarse las reflexiones contenidas en relación con las víctimas en general y con el proceso de menores en especial en la Instrucción 3/2005, de 7 de abril, *sobre las relaciones del Ministerio Fiscal con los medios de comunicación.*

Los Sres. Fiscales habrán de partir —*mutatis mutandis*— de la aplicación supletoria de lo dispuesto en el párrafo último del art. 109 LECrim, por lo que en estos procesos habrá de asegurarse la comunicación a la víctima de los actos procesales que puedan afectar a su seguridad.

También habrán los Sres. Fiscales de cuidar de que en el acto de recibirse declaración al ofendido, se le instruya, asistido de sus representantes, del derecho que le asiste para mostrarse parte en el proceso como acusación particular o como actor civil, por aplicación analógica de lo dispuesto en el apartado primero del art. 109 LECrim, en relación con el art. 25 LORPM.

9. ASPECTOS RELATIVOS A LA RESPONSABILIDAD CIVIL

Los centros docentes tienen una indubitada responsabilidad en garantizar espacios seguros para que los menores puedan cursar sus estudios y disfrutar de las horas de recreo en paz, libres de agresiones y vejaciones.

Los estudios sobre acoso escolar muestran que frecuentemente éstos tienen lugar —además de en las inmediaciones del centro—, en patios de recreo, aseos, vestuarios, gimnasios, comedores, pasillos e incluso aulas. La adecuada supervisión de las instalaciones del centro es algo legítimamente exigible.

El Anteproyecto de Ley Orgánica Penal Juvenil y del Menor de 27 de abril de 1995 expresamente recogía en su art. 37.3 la responsabilidad civil subsidiaria de que las personas o entidades públicas o privadas que sean titulares o de las que dependa un Centro de enseñanza por los delitos o faltas en que hubiesen incurrido los alumnos del centro, menores de 18 años, durante los períodos en que dichos alumnos se hallen bajo el control o vigilancia del profesorado del centro, desarrollando actividades escolares o extraescolares y complementarias, si existiese negligencia en dicha vigilancia.

También se recogió este supuesto en la Proposición de Ley Orgánica Reguladora de la Responsabilidad Penal del Menor presentada el 29 de noviembre de 1996.

Aunque la LORPM no regula el supuesto previsto en el art. 1903.5 CC, cabe entender que puede demandarse como responsables civiles a los titulares de centros docentes de enseñanza por los daños y perjuicios derivados de delitos y faltas cometidos por los menores de edad, *«durante los períodos de tiempo en que los mismos se hallen bajo el control o vigilancia del profesorado del centro, desarrollando actividades escolares o extraescolares y complementarias»*.

La omisión de la LORPM no debe interpretarse en el sentido de que se reserve la acción civil para su ejercicio en exclusiva contra las personas expresamente señaladas en el precepto. Con el fin de evitar el siempre odioso peregrinaje de jurisdicciones y conforme al principio de economía procesal —que exigiría que todos los eventuales responsables pudiesen ser demandados en un mismo proceso— de acuerdo con el principio de protección de la víctima, la interpretación que deberán defender los Sres. Fiscales es la de que los Centros docentes también pueden ser demandados con tal carácter en la pieza separada de la LORPM.

A estos efectos puede fundamentarse la petición en la figura del guardador del art. 61.3 de la LORPM, en la que puede incluirse también al centro docente, por ser quien en esos momentos está ejerciendo funciones de guarda.

También cabrá anclar la reclamación dirigida contra el centro educativo en el art. 1903.5 CC, pues no debe, a este respecto, olvidarse la cláusula general de supletoriedad contenida en el art. 4.3 del Título Preliminar del Código Civil. Si para fundamentar la responsabilidad de los centros docentes ha de acudirse al Código Civil, habrán de tenerse muy presentes los criterios de interpretación que al respecto viene manteniendo la Sala Civil del Tribunal Supremo (Vid. entre otras, SSTS (Sala de lo Civil), de 21 noviembre 1990 núm. 524/1993, de 20 mayo, núm. 210/1997, de 10 marzo núm. 178/1999, de 8 marzo, núm. 349/2000, de 10 abril y núm. 1266/2001, de 28 diciembre).

Alternativamente podría articularse la reclamación civil en la responsabilidad subsidiaria del centro conforme a lo dispuesto en el art. 120.3º CP, teniendo en cuenta la supletoriedad del Código Penal en virtud de la Disposición Final Primera LORPM.

La inexistencia tanto a nivel doctrinal como jurisprudencial de una línea exegética consolidada respecto de la fundamentación de la responsabilidad del centro docente en el sistema de la LORPM hace aconsejable mantener abierto el abanico de posibilidades.

Decididamente sigue la tesis de poder demandar al Centro en la pieza separada de responsabilidad civil como guardador de hecho la SAP Cantabria (sec. 4ª) de 23 de diciembre de 2003. En esta resolución se considera que el centro de enseñanza se va a equiparar a guardador de hecho (entendiendo por tal, en sentido amplio, aquella persona que, por propia iniciativa o por acuerdo con los padres o tutores, ejercita funciones de guarda, de forma continuada e independiente), ya que asumen por delegación las funciones de vigilancia y guarda de los menores desde su entrada en el centro hasta la salida del mismo, durante la jornada lectiva de forma regular durante todo el año escolar (sin olvidar, lógicamente, el relevante papel que desempeña en la formación y educación del menor).

En este mismo sentido aunque fundamentando la posibilidad de demandar al Centro docente en la aplicación supletoria de los art. 120 y 121 CP se ha pronunciado la SAP Álava Secc. 1ª. de 27 de mayo de 2005, referida específicamente a un supuesto de *bullying*. En esta sentencia se declara frente a la alegación del Centro docente de haber desplegado toda la diligencia de un buen padre de familia, conforme al art. 1903 CC, que «*es diáfano que no fue así, puesto que un buen padre de familia, desde una perspectiva responsabilizadora y de imposición de límites, fundamentos de cualquier planteamiento educativo, no puede permitir que unos niños sometan a un verdadero acoso escolar a otra niña...*». En esta resolución se resalta también que con respecto a los padres del menor «*existía una obligación de darles a conocer lo que estaba pasado a su hija, para que éstos pudieran actuar de diferentes maneras en el plano personal o institucional*».

Con similares argumentos se ha considerado reiteradamente responsable civil al titular del centro de internamiento respecto de los hechos cometidos por los menores internados (vid. SSAP Zaragoza, sec. 1ª, nº 174/2004, de 28 de abril; Valladolid, sec. 2ª, nº 933/2003, de 23 de diciembre; Valladolid, sec. 2ª, nº 758/2002, de 22 de octubre).

En cuanto a la existencia y extensión de la responsabilidad civil proporciona pautas interesantes la referida SAP Álava (secc. 1.ª) de 27 de mayo de 2005: *según máximas de experiencia, a cualquier persona, y especialmente a una niña o adolescente, el padecimiento de actos de hostigamiento moral ejecutados por otras personas produce una sensación de impotencia, zozobra, indefensión, humillación, etc., y, según los estudios científicos sobre el bullying, los acosados se sienten avergonzados y su autoestima se destruye, dos estados de ánimo que pueden repercutir de forma negativa en la vida académica, social y familiar, e incluso puede generar en la víctima sentimientos de culpabilidad; situación que, sin duda, puede encuadrarse en el concepto de daño moral que ha elaborado el TS.*

10. CONCLUSIONES

1.º La consecución del objetivo de lograr un ambiente de paz y seguridad en los Centros educativos y en el entorno de los mismos, donde los menores puedan formarse y socializarse adecuadamente debe tornarse en meta irrenunciable, superando la resignada aceptación de la existencia de prácticas de acoso o matonismo entre nuestros menores.

2.º El acoso escolar es un mal profundamente arraigado en el entorno educativo, desde tiempos inmemoriales, en el que confluyen una pluralidad de causas y cuyo tratamiento es complejo. No puede desde luego caerse en la simplificación de reducir su abordaje a un tratamiento represivo, y menos aún a su tratamiento centrado en el proceso penal de menores. Desde el papel subsidiario y reactivo que a la justicia juvenil ha de asignarse en la lucha contra este fenómeno, los Sres. Fiscales han de partir del principio de que ningún acto vejatorio de acoso escolar debe ser socialmente tolerado y de que los mismos, una vez conocidos por el Fiscal, han de tener una respuesta adecuada desde la jurisdicción de menores.

3.º Incluso las denuncias que hagan referencia a hechos en principio leves (faltas de amenazas, coacciones o vejaciones injustas), si concurre la nota de habitualidad o reiteración en el tiempo, deben dar lugar como regla general a la incoación de un expediente de menores, no siendo adecuado en estos casos utilizar sin más la facultad de desistimiento prevista en el art. 18 LORPM.

4.º En muchas ocasiones, las denuncias formuladas ante la Policía o las redactadas por las propias víctimas no aportan elementos suficientes para aclarar si nos encontramos ante un verdadero supuesto de acoso escolar. Muchos de estos casos pueden ser transmitidos de forma fragmentaria, oscura o confusa, con apariencia de incidente aislado. Es por ello necesario que los Sres. Fiscales, en todos los supuestos en los que se denuncien actos de agresiones, amenazas o vejaciones en el ámbito escolar, antes de adoptar una decisión de fondo, citen a la víctima a fin de tomarle personalmente declaración. La inmediación seguida de un interrogatorio adecuado será una poderosa herramienta para clarificar la entidad de la situación denunciada y para adoptar la decisión más adecuada.

5.º Cuando los hechos que lleguen a conocimiento del Fiscal tengan indiciariamente como autores a menores de 14 años, procederá a remitir testimonio de lo actuado a la dirección del centro en cuyo ámbito se estén produciendo los abusos, para que dentro de sus atribuciones adopte las medidas procedentes a la protección de las víctimas y en relación con los victimarios.

6.º Igualmente, en los supuestos en los que se inicien actuaciones por el Fiscal y se compruebe que el menor o los menores implicados están dentro del ámbito de aplicación de la LORPM será necesario comunicar a la dirección del centro la denuncia interpuesta a los efectos internos procedentes.

7.º Cuando la *notitia criminis* haya llegado por algún conducto al margen de los representantes legales del menor y existan elementos que apunten a que éstos desconocen la situación en la que vive su hijo, deberán los Sres. Fiscales poner los hechos en conocimiento de los mismos.

8.º Los actos de violencia escolar podrán calificarse conforme al art. 173 CP tanto cuando consistan en conductas aisladas que por su naturaleza tengan entidad suficiente para producir un menoscabo grave de la integridad moral de la víctima, como cuando consistan en conductas que, siendo en sí y por separado leves, terminen produciendo menoscabo grave a la integridad moral al ejecutarse de forma reiterada, sistemática y habitual.

9.º Si además del atentado a la integridad moral se producen daños a otros bienes jurídicos, se calificarán los hechos, en su caso, separadamente.

10.º Los Sres. Fiscales se abstendrán en sus informes de utilizar el criterio de la alarma social concurrente como justificador de la petición de medidas cautelares para menores.

11.º Cabrá postular como medida cautelar la libertad vigilada acompañada de las reglas de conducta que se estimen precisas para modular un mayor o menor grado de alejamiento entre víctima e infractor, debiendo a tales efectos tenerse presentes las conclusiones alcanzadas por la Fiscalía General del Estado en la Consulta 3/2004.

12.º En los supuestos en que pese a poder ser encuadrados los hechos en el concepto social amplio de acoso no puedan los mismos subsumirse en ningún tipo penal, habrá de remitirse copia de lo actuado a la dirección del centro docente de los menores implicados para que adopte las iniciativas que estime oportunas.

13.º Si no existe reiteración y atendida la levedad de la conducta denunciada los hechos no son susceptibles de calificarse más que de una simple falta, cabrá acordar el desistimiento del art. 18 LORPM. En estos casos, pese a no estar expresamente previsto, el desistimiento habrá de acompañarse de una simultánea remisión de testimonio de lo actuado a la dirección del centro docente.

14.º Aunque la LORPM no prevé la notificación del decreto de desistimiento al perjudicado, a fin de evitar potenciales indefensiones, los Sres. Fiscales habrán de ponerlo en conocimiento del menor víctima y de sus representantes legales.

15.º Puede ser especialmente recomendable la implementación de soluciones extrajudiciales frente a manifestaciones de acoso que no sean graves. En todo caso en estos supuestos habrá de transmitirse a los victimarios el mensaje claro y nítido de que cualquier otro rebrote será objeto de una respuesta de mayor intensidad; simultáneamente habrá de hacerse saber a la víctima que no ha de dudar en poner en conocimiento de la

Fiscalía cualquier repunte de acoso, trasladándole la confianza en las instituciones y la idea de que su caso no está definitivamente cerrado.

16.º Si la víctima o sus representantes se encuentran personados como acusación particular, será necesario antes de acordar el sobreseimiento por cualquiera de los motivos previstos en la LORPM, que se les dé traslado para que se pronuncien.

17.º Los supuestos de menores a los que previamente a la resolución del expediente tramitado conforme a la LORPM se les hubiera impuesto una sanción disciplinaria en el centro por los mismos hechos habrán de resolverse conforme a las siguientes pautas: 1) si no existe la triple identidad de sujetos, hechos y fundamento, serán compatibles las sanciones disciplinarias impuestas en el centro escolar con las impuestas por la jurisdicción de menores; 2) si existe la triple identidad la previa tramitación del expediente disciplinario no impide la tramitación de expediente de menores conforme a la LORPM; 3) en este último caso habrá de tenerse en cuenta y valorarse la sanción impuesta en el ámbito escolar, ya desistiendo conforme al art. 18 LORPM, ya acordando el sobreseimiento del expediente, si se dan las circunstancias previstas en los art. 19 o 27.4, ya modulando la naturaleza o la extensión de la medida que se imponga.

18.º Los Sres. Fiscales habrán de partir — *mutatis mutandis*— de la aplicación supletoria de lo dispuesto en el párrafo último del art. 109 LECrim, por lo que en estos procesos habrá de asegurarse la comunicación a la víctima de los actos procesales que puedan afectar a su seguridad.

19.º En el ámbito de la fase de instrucción del proceso penal de menores es el Fiscal el legitimado para adoptar las medidas de protección de testigos previstas en el art. 2 de la Ley Orgánica 19/1994, de 23 de diciembre, *de Protección a Testigos y Peritos en causas criminales.*

20.º Habrán los Sres. Fiscales de cuidar que en el acto de recibirse declaración al ofendido, se le instruya, asistido de sus representantes, del derecho que le asiste para mostrarse parte en el proceso como acusación particular o como actor civil, por aplicación analógica de lo dispuesto en el apartado primero del art. 109 LECrim, en relación con el art. 25 LORPM.

21.º Los Sres. Fiscales defenderán la interpretación conforme a la cual es posible demandar ante el Juez de Menores como responsables civiles a los titulares de centros docentes de enseñanza por los daños y perjuicios derivados de delitos y faltas cometidos por los menores de edad durante los períodos de tiempo en que los mismos se hallen bajo el control o vigilancia del profesorado del centro, desarrollando actividades escolares o extraescolares y complementarias.

11

Dinámicas de trabajo

Abordar la autoestima intrínseca y fomentar la resiliencia son pasos esenciales para proteger a niños y adolescentes frente al impacto del acoso escolar. Al mismo tiempo, resulta crucial trabajar la empatía, especialmente en el caso de los espectadores y los agresores.

En este capítulo se presenta una serie de dinámicas diseñadas para potenciar estas habilidades de manera efectiva.

Estas acciones, avaladas por expertos y respaldadas en su mayoría por evidencias científicas, han demostrado ser útiles tanto en contextos educativos como familiares.

Es importante destacar que, aunque se mencionan obras y autores como fuentes de inspiración, este capítulo no busca recomendar todos sus enfoques. En los casos en que algunos expertos o teorías se basen en paradigmas alternativos, fuera del marco científico probado, esto será claramente señalado.

El objetivo es centrarse en exclusiva en aquellas dinámicas que han mostrado eficacia en la práctica real con víctimas, agresores y espectadores de bullying.

Dichas herramientas no solo contribuyen a fortalecer la autonomía emocional y la resiliencia, sino que también promueven una convivencia más saludable y empática.

Carta a mí mismo del futuro

Autor: James Pennebaker.

Obra de referencia: *Opening Up: The Healing Power of Expressing Emotions*, Nueva York, The Guilford Press, 1997.

Objetivo: fomentar la reflexión y el autoconocimiento para construir una autoestima intrínseca positiva.

Indicado para: acosadores y víctimas.

Descripción: en esta dinámica, el participante escribe una carta dirigida a sí mismo en el futuro, detallando sus sueños, metas y cualidades que desea fortalecer.

Este ejercicio promueve el autoconocimiento y ayuda a visualizar un futuro positivo, fortaleciendo la autoestima intrínseca.

Evidencia: estudios de Pennebaker han demostrado que la escritura expresiva mejora el bienestar emocional y reduce el estrés.

Implementación:

- Proporciona un ambiente tranquilo.
- Anima al participante a reflexionar sobre sus logros y aspiraciones.
- Reserva un momento para compartir de manera voluntaria parte de lo escrito.

El tarro de logros

Autor: Martin Seligman.

Obra de referencia: *Flourish: A Visionary New Understanding of Happiness and Well-Being*, Nueva York, Atria, 2012.

Objetivo: refuerza el sentido de logro personal y promueve una percepción positiva de las propias capacidades.

Indicado para: acosadores y víctimas.

Descripción: cada día, el participante escribe en un papel un logro personal, por pequeño que sea, y lo coloca en un tarro transparente. Este tarro simboliza la acumulación de momentos positivos y refuerza la autoestima intrínseca.

Evidencia: Seligman identifica que el refuerzo positivo y la gratitud incrementan el bienestar y la resiliencia.

Implementación:

- Dispón de papeles y un tarro en un lugar visible.
- Fomenta la escritura diaria y el repaso periódico de los logros acumulados.

La cadena de apoyo invisible

Autor: Brené Brown.

Obra de referencia: *Los dones de la imperfección*, Madrid, Gaia Ediciones, 2016.

Objetivo: reconocer y valorar el apoyo emocional recibido, fortaleciendo la conexión social y la autoestima.

Indicado para: acosadores y víctimas.

Descripción: los participantes identifican a personas que los han apoyado emocionalmente en diferentes momentos de su vida. Dibujan una cadena simbólica donde cada eslabón representa un apoyo clave. Este ejercicio fortalece la conexión social y refuerza la percepción de ser valiosos.

Evidencia: según Brown, identificar y valorar nuestras conexiones ayuda a reforzar tanto el sentido de pertenencia como la autoestima. Sin embargo, esta afirmación se basa en un enfoque más basado en observaciones cualitativas, relatos personales y reflexiones que respaldado por estudios experimentales.

Implementación:

- Proporciona materiales para dibujar.
- Invita a compartir historias sobre los «eslabones» en un entorno seguro.

La caja de resiliencia

Autor: Lucy Hone.

Obra de referencia: *Resilient Grieving: Finding Strength and Embracing Life After a Loss That Changes Everything*, Nueva York, The Experiment LLC, 2018.

Objetivo: proveer de herramientas concretas para enfrentar adversidades y fomentar la resiliencia.

Indicado para: víctimas.

Descripción: consiste en crear una «caja» mental o física donde se guardan herramientas para superar momentos difíciles. Estas incluyen frases de afirmación, recuerdos felices y estrategias que han funcionado en el pasado.

Evidencia: Hone destaca que las estrategias conscientes para enfrentar la adversidad fortalecen la resiliencia.

Implementación:

- Proporciona un espacio para identificar y registrar estas herramientas.
- Anima a usar la «caja» cuando surjan desafíos.

El diario del crecimiento personal

Autor: Carol Dweck.

Obra de referencia: *Mindset: The New Psychology of Success*, Nueva York, Ballantine Books, 2007.

Objetivo: desarrollar una mentalidad de crecimiento para afrontar retos y aprender de las experiencias.

Indicado para: acosadores y víctimas.

Descripción: se invita al participante a llevar un diario donde registren momentos en los que se enfrentaron a retos y las lecciones aprendidas. Este ejercicio desarrolla la mentalidad de crecimiento y refuerza la percepción de competencias personales.

Evidencia: las investigaciones de Dweck demuestran que adoptar una mentalidad de crecimiento promueve la autoestima intrínseca y la resiliencia.

Implementación:

- Facilita un cuaderno exclusivo para esta práctica.
- Establece momentos regulares para reflexionar y escribir.

EL MAPA DEL AUTOCONOCIMIENTO

Autor: Daniel Goleman.

Obra de referencia: *La inteligencia emocional: Por qué es más importante que el cociente intelectual*, Barcelona, B de Bolsillo, 2018.

Objetivo: facilitar el autoconocimiento al identificar fortalezas, valores y habilidades personales.

Indicado para: acosadores y víctimas.

Descripción: el participante crea un mapa visual que detalla sus fortalezas, valores y habilidades. Este mapa le sirve como recordatorio de su valía intrínseca.

Evidencia: Goleman destaca que comprenderse a uno mismo es un pilar esencial de la inteligencia emocional y un factor clave para el crecimiento personal. No obstante, ciertos académicos han puesto en duda la implementación de sus ideas en contextos prácticos.

Implementación:

- Usa hojas grandes y materiales de dibujo.
- Guía la reflexión inicial con preguntas clave como: «¿Qué me hace único?» o «¿cuáles son mis valores más importantes?».

EL ESPEJO DE EMPATÍA

Autor: Marshall B. Rosenberg.

Obra de referencia: *Nonviolent Communication: A Language* *of Life: Life-Changing Tools for Healthy Relationships*, San Diego (EE.UU.), Puddle-Dancer Press, 2015.

Objetivo: desarrollar la empatía y la comprensión hacia las emociones de los demás.

Indicado para: acosadores.

Descripción: invita al acosador a reflexionar sobre las emociones y las necesidades de la persona a la que ha dañado. Mediante juegos de rol fomenta la empatía hacia su víctima.

Evidencia: Rosenberg propone que comprender las emociones ajenas reduce la agresión y mejora la comunicación. No obstante, su enfoque ha sido poco experimental.

Implementación:

- Usa escenarios simulados con guiones previamente diseñados.
- Facilita un espacio seguro para compartir reflexiones.
- El objetivo de juego de rol no es juzgar al agresor, sino guiarlo para entender el efecto que provoca.

El diario de las consecuencias

Autor: Ross Greene W.

Obra de referencia: *Lost at School: Why Our Kids with Behavioral Challenges Are Falling Through The Cracks and How We Can Help Them*, Nueva York, Scribner, 2014.

Objetivo: promover la autorregulación y el reconocimiento del impacto de las propias acciones.

Indicado para: acosadores.

Descripción: el acosador registra en un diario las consecuencias de sus actos, tanto para sí mismo como para los demás. Este proceso promueve la autorregulación y el reconocimiento del impacto de su conducta.

Evidencia: Greene subraya que este enfoque ayuda a desarrollar habilidades de resolución de problemas.

Implementación:

- Establece pautas claras para el registro.
- Revisa el diario semanalmente junto con el participante.

Reforzando la identidad positiva

Autor: Alfie Kohn.

Obra de referencia: *Punished by Rewards: The Trouble with Gold Stars, Incentive Plans, A's, Praise, and Other Bribes*, Nueva York, Mariner Books, 1999.

Objetivo: sustituir comportamientos negativos por positivos mediante el refuerzo de fortalezas individuales.

Indicado para: acosadores.

Descripción: en lugar de centrarse en el castigo, se refuerzan las conductas positivas del acosador. Este ejercicio incluye reconocer sus fortalezas y brindar oportunidades para demostrar un liderazgo positivo.

Evidencia: Kohn propone que el refuerzo positivo fomenta cambios de comportamiento más sostenibles que las medidas punitivas. Aunque se apoya indiscutiblemente en la evidencia empírica, el enfoque es bastante controvertido. Algunos críticos opinan, por ejemplo, que Kohn tiende a generalizar sus propuestas, sin considerar lo bastante los matices de diferentes contextos y personas.

Implementación:

- Crea un sistema de reconocimiento para comportamientos positivos.
- Ofrece roles de responsabilidad dentro de un entorno estructurado.

Construyendo redes de apoyo

Autor: Peter Fonagy.

Obra de referencia: *Attachment Theory and Psychoanalysis*, Londres, Routledge, 2001.

Objetivo: fortalecer el sentido de pertenencia y las relaciones seguras a través de la colaboración grupal.

Indicado para: acosadores.

Descripción: se invita al acosador a participar en actividades grupales que fomenten el trabajo en equipo y la colaboración. Esto fortalece su sentido de pertenencia y reduce la necesidad de validar su autoestima mediante el abuso.

Evidencia: el autor destaca que fortalecer relaciones seguras mejora el comportamiento social. Aunque Fonagy ha escrito una obra que se basa parcialmente en el psicoanálisis —lo cual, siendo estrictos, no cumple del todo con los criterios de una ciencia empírica—, la propuesta tiene un enfoque sólido estudiada desde otras perspectivas menos discutibles.

Implementación:
- Organiza actividades de grupo supervisadas por un adulto.
- Fomenta el reconocimiento mutuo entre los participantes.

La pregunta transformadora

Autor: Byron Katie.

Obra de referencia: *Loving What Is: Four Questions that Can Change Your Life*, Nueva York, Rider, 2002.

Objetivo: fomentar la reflexión crítica sobre creencias y patrones de comportamiento para promover el cambio positivo.

Indicado para: acosadores.

Descripción: a través de preguntas guiadas, el acosador reflexiona sobre sus creencias y comportamientos, evaluando si realmente le benefician o le generan sufrimiento.

Evidencia: Katie propone que este tipo de reflexión reduce patrones negativos de pensamiento. Aunque, con todo respeto a la autora, esto carece de evidencia científica demostrada y se acerca más a la autoayuda —siendo una teoría susceptible de considerarse pseudociencia—, con una guía adecuada, esta dinámica ha servido de ayuda en múltiples casos.

Implementación:

- Realiza sesiones individuales o grupales con preguntas como: «¿Es esto realmente cierto?», o «¿cómo me sentiría si dejara de actuar así?».
- Proporciona tiempo para discutir los hallazgos personales.

La reflexión espejo

Autor: Brené Brown.

Obra de referencia: *Daring Greatly: How the Courage to be Vulnerable Transforms the Way We Live, Love, Parent, and Lead*, Nueva York, Penguin Publishing Group, 2015.

Objetivo: fomentar la empatía y la autocomprensión al reflexionar sobre el impacto de las propias acciones —o inacciones— en situaciones de bullying.

Indicado para: espectadores de situaciones de acoso escolar.

Descripción: el menor se sienta con un adulto y reflexiona sobre una situación de bullying que haya presenciado, considerando cómo se sintió cada persona involucrada —víctima, agresor y él mismo como espectador—. Juntos, identifican posibles formas de actuar en el futuro para ser un agente positivo del cambio.

Evidencia: Brown destaca que comprender las emociones propias y ajenas fomenta la empatía y mejora las relaciones interpersonales. Aunque este enfoque tiene un trasfondo narrativo más que experimental, su utilidad en contextos familiares ha sido ampliamente reconocida.

Implementación:

- Reserva un momento tranquilo para la actividad.

- Ayuda al menor a recordar una situación de bullying que haya presenciado.
- Utiliza preguntas como: «¿Cómo crees que se sintió la víctima?», «¿por qué crees que el agresor actuó así?» y «¿qué podrías haber hecho para ayudar?».
- Discutid juntos estrategias prácticas para actuar en el futuro.

Diario de las decisiones positivas

Autor: Carol Dweck.

Obra de referencia: *Mindset: The New Psychology of Success*, Nueva York, Ballantine Books, 2007.

Objetivo: fomentar una mentalidad de crecimiento y capacitar al menor para tomar decisiones que promuevan el bienestar de los demás.

Indicado para: espectadores de situaciones de acoso escolar.

Descripción: el menor lleva un diario donde anota situaciones en las que decidió intervenir o actuar positivamente al presenciar conflictos o momentos difíciles para otros. El adulto puede guiarlo revisando juntos las entradas y reflexionando sobre las decisiones tomadas.

Evidencia: Dweck subraya que una mentalidad de crecimiento fortalece la percepción de competencias personales y fomenta un comportamiento proactivo.

Implementación:
- Proporciona un cuaderno o diario para esta actividad.
- Motiva al menor a escribir sobre situaciones en las que pudo tomar una decisión positiva, incluso pequeñas acciones como consolar a alguien o informar a un adulto.
- Revisa el diario periódicamente con el menor, destacando sus esfuerzos y sugiriendo nuevas estrategias.

Autor: Daniel Goleman.

Obra de referencia: *La inteligencia emocional: Por qué es más importante que el cociente intelectual*, Barcelona, B de Bolsillo, 2018.

Objetivo: ayudar al menor a comprender mejor las emociones y necesidades de los demás mediante el uso de objetos y recuerdos simbólicos.

Indicado para: espectadores de situaciones de acoso escolar.

Descripción: juntos, el adulto y el menor seleccionan objetos que representen a personas que han estado involucradas en situaciones de bullying —víctima, agresor y espectador—. Reflexionan sobre las emociones asociadas a cada objeto y cómo estas personas podrían haber necesitado apoyo o comprensión.

Evidencia: Goleman señala que el desarrollo de la inteligencia emocional mejora las habilidades sociales y la empatía. Si bien ha recibido críticas sobre la aplicabilidad científica de algunos de sus conceptos, esta actividad se basa en principios fundamentales de inteligencia emocional.

Implementación:

- Ayuda al menor a elegir tres objetos que simbolicen a la víctima, al agresor y al espectador.
- Reflexionad juntos sobre cómo podrían sentirse esas personas y qué podrían necesitar en términos de apoyo emocional.
- Anima al menor a identificar formas concretas de ofrecer ayuda o intervenir positivamente en el futuro.

El árbol de las decisiones

Autor: Ross Greene.

Obra de referencia: *El niño insoportable*, Barcelona, Editorial Medici, 2003.

Objetivo: ayudar al menor a evaluar opciones de intervención en situaciones de bullying y sus posibles consecuencias.

Indicado para: espectadores de situaciones de acoso escolar.

Descripción: el adulto guía al menor para crear un «árbol de decisiones», identificando de qué opciones de reacción dispone al presenciar bullying —por ejemplo, informar a un adulto, apoyar a la víctima, hablar con el agresor— y reflexionando sobre las consecuencias de cada elección.

Evidencia: Greene enfatiza la importancia de enseñar habilidades de resolución de problemas en niños y adolescentes para mejorar su autorregulación y comportamiento social.

Implementación:

- En una hoja de papel, dibuja un árbol con el menor, comienza por una situación específica de bullying.
- En las ramas principales, anota las posibles opciones de intervención.
- En las ramas secundarias, identifica las posibles consecuencias de cada acción.
- Reflexionad juntos sobre la mejor elección y cómo implementarla.

Preguntas para construir empatía

Autor: Marshall B. Rosenberg.

Obra de referencia: *Nonviolent Communication: A Language of Life: Life-Changing Tools for Healthy Relationships*, San Diego (EE.UU.), Puddle-Dancer Press, 2015.

Objetivo: fomentar la empatía mediante la reflexión guiada sobre las necesidades y las emociones de los demás.

Indicado para: espectadores de situaciones de acoso escolar.

Descripción: en un entorno seguro, el adulto formula preguntas que guían al menor a reflexionar sobre las emociones y necesidades de las personas involucradas en el bullying. Esto ayuda al menor a comprender las razones detrás de las acciones de otros y a desarrollar una respuesta más compasiva.

Evidencia: Rosenberg defiende que la comunicación no violenta promueve la comprensión mutua. Aunque su perspectiva carece de amplia evidencia empírica, se ha utilizado con éxito en entornos familiares y educativos.

Implementación:

- Invita al menor a reflexionar sobre la situación desde diferentes perspectivas, explorando cómo cada persona involucrada pudo haberse sentido.

- Formula preguntas más abiertas y contextuales como: «¿Qué emociones crees que estaba experimentando la víctima?», «¿qué necesidades crees que intentaba expresar el agresor?» y «¿cómo podrías responder de una forma que mejore la situación?».

- Trabaja con el menor para identificar estrategias prácticas y acciones específicas que puedan aplicarse en futuras situaciones similares.

- Reflexionad juntos sobre el impacto que estas acciones podrían tener en el bienestar de todos los involucrados.

La implementación de dinámicas que promuevan la empatía, el autoconocimiento y la resiliencia no solo ayuda a los participantes a comprender mejor sus emociones y las de los demás, sino que también abre la puerta a un cambio significativo en su forma de relacionarse con el mundo. Estas herramientas, respaldadas por investigaciones y enfoques reconocidos, brindan a víctimas, acosadores y espectadores la oportunidad de sanar heridas emocionales, fortalecer su autoestima intrínseca y construir relaciones más saludables y respetuosas.

El bullying no es solo un problema individual, sino una cuestión que afecta a la comunidad en su conjunto. Por ello, cada dinámica aquí presentada se enmarca en un enfoque integral que fomenta la autorreflexión, la conexión social y el desarrollo de habilidades prácticas para enfrentarse a los desafíos de la vida.

Para lograr un cambio real, es esencial que estas actividades no se limiten al entorno académico o familiar, sino que se integren de manera constante en nuestras interacciones diarias.

Solo a través de la reflexión honesta, el compromiso mutuo y la acción consciente podemos construir un entorno en el que cada persona se sienta valorada, escuchada y respetada.

Este capítulo deja claro que, aunque el camino hacia el cambio puede ser desafiante, las herramientas están a nuestro alcance.

Lo importante es dar el primer paso.

AGRADECIMIENTOS

A mis acusadores, hace mucho que os perdoné.

Al halcón que me salvó la vida y me dio un propósito, gracias, don Paco.

A mis padres, gracias por haber sido mi apoyo.

A mis colaboradores, gracias por compartir vuestras descorazonadoras historias de supervivencia.

ACERCA DEL AUTOR

P. Duchement es ingeniero informático y perito judicial colegiado (COITIC), experto en delitos digitales como ciberacoso, grooming y sextorsión, así como en la prevención, gestión y reacción frente al acoso escolar.

Con una sólida trayectoria en la educación pública, ha sido docente en Educación Secundaria y Formación Profesional durante casi media vida, lo que le ha permitido no solo formar a generaciones de alumnos, sino también intervenir directamente en casos de bullying, asesorando a víctimas, agresores, testigos, familias, centros escolares e incluso a Inspección Educativa.

Su especialización no es solo profesional, sino también personal: Habiendo sufrido acoso escolar durante once años, seis de ellos marcados por las agresiones físicas, conoce de primera mano el impacto devastador del bullying. Esta experiencia, sumada a su formación en psicopedagogía del adolescente y a estudios superiores especializados en acoso escolar, lo llevó a recopilar, comparar y diseñar protocolos de actuación efectivos para afrontar el acoso escolar en todas sus vertientes, desde la respuesta inmediata hasta la acción institucional.

Como perito forense informático, ha trabajado durante más de una década en Tribunales de Justicia de Las Palmas, aplicando su experiencia en la persecución de delitos digitales contra menores. Su labor ha trascendido el ámbito judicial, colaborando con unidades especializadas de las Fuerzas y Cuerpos de Seguridad del Estado, como la UFAM (Policía Nacional) y los grupos EDITE (Guardia Civil), así como con entidades de referencia como INCIBE y la AEPD.

Además, ha participado en la formación de docentes en toda España, capacitando a profesionales en protocolos contra el acoso escolar, ciberseguridad en centros educativos y medidas de protección de datos en el entorno académico.

Con su vocación, su conocimiento técnico y su compromiso con la infancia y la adolescencia, Pablo Duchement se ha convertido en un referente en la prevención, investigación y reacción ante el acoso escolar y los delitos digitales, impactando en cientos de casos y en casi una docena de comunidades autónomas.

BIBLIOGRAFÍA

Para la realización de esta obra, se han consultado las siguientes fuentes:

Avilés Martínez, J. M., *Acoso escolar y ciberacoso: Guía para su detección y protocolos de actuación*, Madrid, Pirámide, 2013.

Barranco Torres, C., *Ciberacoso: Concepto y aspectos educativos* [Trabajo de fin de grado, Universidad de Granada]. Repositorio Institucional de la Universidad de Granada, 2014.

Boqué Torremorell, M. C., *Guía de mediación escolar: Programa comprensivo de actividades de 6 a 16 años* (2.ª ed.), Barcelona, Octaedro, 2013.

Brown, B., *Los dones de la imperfección*, Madrid, Gaia Ediciones, 2016.

— *Daring Greatly: How the Courage to Be Vulnerable Transforms The Way We Live, Love, Parent, and Lead*, Nueva York, Penguin Publishing Group, 2015.

Cascón, P., «La mediación», *Cuadernos de Pedagogía*, n.º 286 (2000), pp. 72-76.

Cerezo Ramírez, F. y F. J. R. Hernández, «Medidas relativas al acoso escolar y ciberacoso en la normativa autonómica española: Un estudio comparativo», *Revista Electrónica Interuniversitaria de Formación del Profesorado*, vol. 20, n.º 1 (2017), pp. 113-126. https://doi.org/10.6018/reifop/20.1.253391.

Consejería de Educación, Universidades, Cultura y Deportes, «Decreto 114/2011, de 11 de mayo, por el que se regula la convivencia en el ámbito educativo de la Comunidad Autónoma de Canarias», *Boletín Oficial de Canarias*, n.º 108 (2 de junio de 2011), pp. 3000-3012.

Cowie, H., «El impacto emocional y las consecuencias del ciberacoso», *Revista Digital de la Asociación CONVIVES*, n.º 3 (26 de mayo de 2013), pp. 16-24.

Del Barrio, C. y K. van der Meulen, *Acoso escolar: El maltrato entre iguales en la escuela*, Madrid, Alianza, 2001.

Díaz-Aguado, M. J. y R. Martínez-Arias, *La violencia entre iguales en la adolescencia y su prevención*, Ministerio de Educación, Cultura y Deporte, 2001.

—, et al., *Acoso escolar y ciberacoso en España en la infancia y en la adolescencia* [Informe], Unidad de Psicología Preventiva de la Universidad Complutense de Madrid y Fundación ColaCao, 2023. https://fundacioncolacao.org/files/investigacion/Estudio_Acoso_Escolar_Fundacion_ColaCao_UCM.pdf.

Dweck, C., *Mindset: The New Psychology of Success*, Nueva York, Ballantine Books, 2007.

Equipo Técnico de Gestión de la Convivencia Escolar de la DGOIPE, *Guía del profesorado: Marco general de actuación ante un posible caso de acoso escolar*, Consejería de Educación, Universidades y Sostenibilidad, 2015.

Fonagy, P., *Attachment Theory and Psychoanalysis*, Londres, Routledge, 2001.

Gibbs, B., *Feeling Strong: The Student's Guide to Emotional Resilience*, 2023.

Goleman, D., *La inteligencia emocional: Por qué es más importante que el cociente intelectual*, Barcelona, B de Bolsillo, 2018.

Greene, R., *The Explosive Child: A New Approach for Understanding and Parenting Easily Frustrated, Chronically*

Inflexible Children, Nueva York, Harper, 2010. [Hay trad. cast.: *El niño insoportable*, Barcelona, Editorial Medici, 2003].

— *Lost at School: Why Our Kids with Behavioral Challenges Are Falling Through the Cracks and How We Can Help Them*, Nueva York, Scribner, 2014.

Grupo de Trabajo de Ciberconvivencia del Observatorio Estatal de la Convivencia Escolar, *Recomendaciones para trabajar la ciberconvivencia en los centros educativos*, Ministerio de Educación y Formación Profesional, Subdirección General de Cooperación Territorial e Innovación Educativa, 2022.

Hone, L., *Resilient Grieving: Finding Strength and Embracing Life After a Loss That Changes Everything*, Nueva York, The Experiment LLC, 2018.

Idarraga, G. Á., «Consecuencias e impacto del ciberacoso», *Educación y Futuro: Revista de Investigación Aplicada y Experiencias Educativas*, n.º 38 (2018), pp. 109-128.

Instrucción 10/2005, de 6 de octubre, sobre el tratamiento del acoso escolar desde el sistema de justicia juvenil, FIS-I-2005-00010, 2005.

Katie, B. y S. Mitchell, *Loving What Is: Four Questions That Can Change Your Life*, Nueva York, Rider, 2002.

Kohn, A., *Punished by rewardsRewards: The Trouble with Gold Stars, Incentive Plans, A's's, Praise, and Other Bribes*, Nueva York, Mariner Books, 1999.

Maier, S. F. y M. E. P. Seligman, «Learned Helplessness: Theory and Evidence», *Journal of Experimental Psychology: General*, vol. 105, n.º 1 (1976), pp. 3-46. https://doi.org/10.1037/0096-3445.105.1.3.

Martín Aparicio, A. M., «El fenómeno del bullying o acoso escolar en nuestras aulas», *Compartim: Revista de Formació del Professorat*, n.º 4 (2009).

Mena Covarrubias, C., *Una óptica humanista y conductista de la sustentabilidad*, s.f.

Olweus, D., *Conductas de acoso y amenaza entre escolares*, Madrid, Morata, 1998.

Orjuela López, L., *et al.*, *Acoso escolar y ciberacoso: Propuestas para la acción* [Informe], Save the Children, 2014.

Ortega, R. y R. del Rey, *La violencia escolar: Estrategias de prevención*, Barcelona, Editorial Graó, 2003.

Ortega-Barón, J., *et al.*, «Influencia del clima escolar y familiar en adolescentes víctimas de ciberacoso», *Comunicar*, vol. 24, n.º 46 (2016), pp. 57-65. https://doi.org/10.3916/C46-2016-06.

Ortega-Ruiz, R. (coord.), *Convivencia y ciberconvivencia: Un modelo educativo para la prevención del acoso y el ciberacoso escolar*, Madrid, Antonio Machado Libros, 2015.

Ortuño Muñoz, E. de los Ángeles y E. Iglesias Ortuño, *La mediación escolar: Formación para profesores*, Madrid, Antonio Machado Libros, 2016.

Overmier, J. B. y M. E. P. Seligman, «Effects of Inescapable Shock Upon Subsequent Escape and Avoidance Responding», *Journal of Comparative and Physiological Psychology*, vol. 63, n.º 1 (1967), pp. 28-33. https://doi.org/10.1037/h0024166.

Pennebaker, J. W., *Opening Up: The Healing Power of Expressing Emotions* [edición revisada], Nueva, York, Guildford Press, 1997.

Piñuel, I. y A. Oñate, *Mobbing escolar: Violencia y acoso psicológico contra los niños*, Madrid, CEAC, 2007.

— y M. Cervera, *Tratamiento EMDR del mobbing y el bullying: Una guía para terapeutas*, Madrid, Giunti Psychometrics, 2016.

—, *et al.*, *Cómo prevenir el acoso escolar. La implantación de protocolos antibullying en los centros escolares: Una visión práctica y aplicada*, Madrid, CEU Ediciones, 2016.

Rigby, K., *New Perspectives on Bullying*, London, Jessica Kingsley Publishers, 2002.

Rosenberg, M. B., *Nonviolent Communication: A Language of Life: Life-Changing Tools for Healthy Relationships* [3.ª ed.], San Diego, Puddle-Dancer Press, 2015.

Sánchez Tallafigo, C. (coord.), *et al.*, *Guía de actuación contra el acoso escolar en los centros educativos* [3.ª ed.], Subdirección General de Inspección Educativa, Consejería de Educación, Juventud y Deporte, Comunidad de Madrid, 2017.

Seligman, M. E. P. y S. F. Maier, «Failure to Escape Traumatic Shock», *Journal of Experimental Psychology*, vol. 74, n.º 1 (1967), pp. 1-9. https://doi.org/10.1037/h0024514.

— *Helplessness: On Depression, Development, and Death*, Nueva York, W. H. Freeman and Company, 1975.

— y M. Csikszentmihalyi, M., «Positive Psychology: An Introduction», *American Psychologist*, vol. 55, n.º 1 (2000), pp. 5-14. https://doi.org/10.1037/0003-066X.55.1.5.

— *Flourish: A Visionary New Understanding of Happiness and Well-Being*, Nueva York, Atria, 2012. [*La vida que florece*, Barcelona, Ediciones B, 2011].

Serrate, R., *Bullying: Acoso escolar. Guía para entender y prevenir el fenómeno de la violencia en las aulas*, Madrid, Ediciones del Laberinto, 2007.

Smith, P. K. y S. Sharp, *School Bullying: Insights and Perspectives*, Londres, Routledge, 1994. https://doi.org/10.4324/9780203425497.

— *Ciberacoso: Naturaleza y extensión de un nuevo tipo de acoso dentro y fuera de la escuela*, Goldsmiths College, Universidad de Londres, 2006.